Livy: The War with Hannibal

Livy

GALLIA CISALPINA
Insubres
Cenomani
Cremona
Padus F.
Placentia
Boi
Sinus Ligusticus
Pisae
Ariminum
ETRURIA
UMBRIA
Roma
LATIUM
SAMNIUM
Capua
Volturnus
Neapolis
CAMPANIA
APULIA
Luceria
Cannae
Venusia
Tarentum
Brundisium
CALABRIA
Metapontum
LUCANIA
Heracleа
Uzentum
Thurii
Croto
Lacinium prom.
Locri
Messana
Regium
CORSICA
SARDINIA
Mare Tyrrhenum sive Tuscum
Mare Hadriaticum (M. Superum)
ILLYRICUM
Histri
AEGATES
Eryx
Drepanum
Panhormus
SICILIA
Aetna
Agrigentum
Leontini
Syracusae
Pachynum prom.
Mare Ionium
MELITA
Pulchri prom.
Carthago
Utica
Tunes
Mercurii prom.
Bagradas
Naraggara
Zama
Hadrumetum
Leptis
AFRICA
Emporia
Syrtis Minor
INTERNUM
Mans. Eng., Ch.

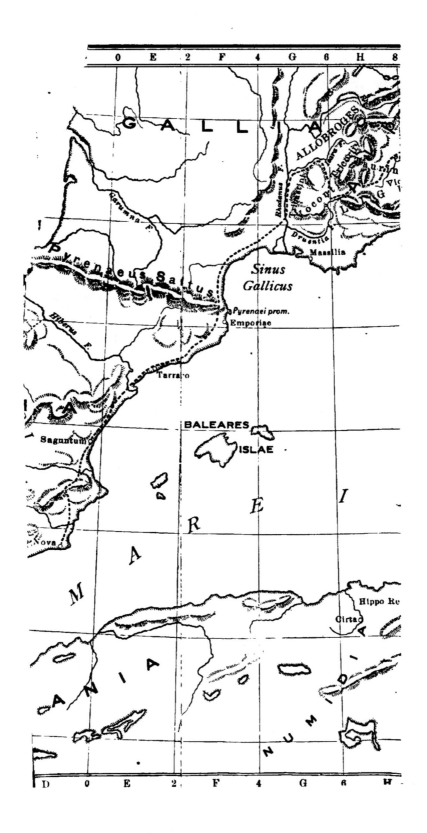

THE
LAKE CLASSICAL SERIES

HAROLD W. JOHNSTON AND EDWARD CAPPS

SUPERVISING EDITORS

LIVY

EDWARD A. BECHTEL

CHICAGO
SCOTT, FORESMAN AND COMPANY
1905

The Lake Classical Series

Livius

86
59

LIVY

THE WAR WITH HANNIBAL

EDITED BY

EDWARD AMBROSE BECHTEL

THE UNIVERSITY OF CHICAGO

CHICAGO

SCOTT, FORESMAN AND COMPANY

1905

Copyright, 1905

By SCOTT, FORESMAN AND COMPANY

ROBERT O. LAW COMPANY,
PRINTERS AND BINDERS, CHICAGO

TYPOGRAPHY BY
MARSH, AITKEN & CURTIS CO., CHICAGO

PREFACE

The present volume is the outcome of the editor's conviction, after several years experience in the class-room, that the student's first acquaintance with Livy should be through selections characterized by variety and interest, rather than the continuous narrative of one or two books. To this form of presentation no part of Livy's history lends itself more readily than the story of the war with Hannibal, with its dramatic situations and the intensely human interest in the fortunes of its protagonist. While the scholar may miss in this plan the opportunity to study closely Livy's methods of historical composition, the young student will enjoy the satisfaction of following Livy's vivid story to its end.

In the preparation of the commentary the one aim has been brevity and clearness : the notes have been written for the student, not for the instructor, and therefore avoiding all display of erudition, seek to give only what is necessary for the understanding of the text. While the leading editions in English and German of the first two books have been consulted, the Müller-Weissenborn edition and Dr. Fügner's Des Titus Livius Römische Geschichte have been of especial service.

The text is in the main that of the Müller-Weissenborn Teubner edition. However, the use of italicised and bracketed words has been avoided, as any indications of textual difficulties add unnecessarily to the burdens of the younger students. In 21.3.1, where the manuscript reading is doubtful, Wölfflin has been followed, as also in 21.44.6 and 21.56.8.

Grateful acknowledgment is due to Professors H. W. Johnston of Indiana University and O. F. Long of Northwestern University, who have read the notes both in manuscript and proof and have made many valuable suggestions.

EDWARD A. BECHTEL

Chicago, September, 1905.

INTRODUCTION

I. LIFE OF LIVY

The few meager facts, to which unfortunately our knowledge of Livy's life is confined, may be briefly stated. Titus Livius was born in the year 59 B.C. at Patavium (the modern Padua), a city renowned for the purity of the morals of its inhabitants. His parents probably belonged to the local nobility and were able to give their son the advantages of the traditional education of the time. He is said to have excelled especially in rhetorical studies, as indeed we could easily infer from his own writings. Whether he himself was later a professor of rhetoric is not certainly known.

Probably about the time of the battle of Actium, certainly not later than 29 or 28 B.C., Livy removed from his native city to Rome. Here he soon entered upon the writing of the monumental work to which the rest of his life was devoted. His literary reputation was speedily assured and gained for him admission to the court circle and the intimate friendship of the Emperor Augustus. His fame, indeed, extended far beyond the limits of Italy, as is illustrated by Pliny's story of "a certain man of Gades, who, moved by the name and renown of Titus Livius, came from the extremity of the earth to see him and the moment he had seen him, returned home."

Of Livy's family life, we know only that he was married and had at least one son and a daughter, who was the wife of a rhetorician L. Magius. In his latter days he returned to Patavium, where he died in 17 A.D. A tomb erected to his memory in the sixteenth century gives testimony to the affection and gratitude of his native city.

II. His History

In his early life, Livy wrote treatises on philosophy and rhetoric, which have not survived. His one extant work is the History of Rome, and of this we must regret the loss of more than three-fourths, including portions that would prove of the greatest interest and importance.

III. Title

The oldest manuscripts give, as the only title of the history, Titi Livi Ab Urbe Condita Libri. In one passage (XLIII. 13. 2.), Livy himself refers to his work as Annales.

IV. Extent

Livy's design, as he says in his preface, was to write the complete history of the Roman people from the founding of the city to his own time, i.e., a period of more than seven hundred years. The work is known to have consisted of at least one hundred and forty-two books, coming down as far as the death of Drusus in 9 B.C. Some scholars have supposed that he intended to extend the history to the death of Augustus, making the total number of books one hundred and fifty, but that this design was interrupted by death. The history must originally have been published serially, perhaps in decades, or groups of ten books each.

The following portions are extant: the first decade, which begins with the landing of Aeneas in Latium and extends to the end of the Samnite War in 293 B.C.; books XXI–XLV,[1] which cover a period of a little more than fifty years, from the beginning of the war with Hannibal to the victory of Aemilius Paulus over King Perseus (167 B.C.). It is thus seen that there is no opportunity to study Livy's treatment

---

[1] Books XLI and XLV are not complete.

of the events of his own time or of the generation preceding him; his account of the Civil War and of the establishment of the empire would be of the greatest value to the historian and at the same time would be of assistance in forming an estimate of Livy's historical methods. The lost books are known to us only through the Periochae, or summaries made by later grammarians.

V. Purpose and Method

To the Roman, history was a department of literature rather than a science. It would be a grave injustice to Livy to criticise his work from the present-day scientific point of view. Besides, the field which he covered was so vast that, in the absence of the resources for investigation at the disposal of the modern historian, a detailed study of any particular period was for him impossible.

Livy's purpose in writing, as he states it in his preface, was ethical; to him history was a means of teaching by example. "Ad illa mihi pro se quisque acriter intendat animum, quæ vita, qui mores fuerint. per quos viros quibusque artibus domi militiaeque et partum et auctum imperium sit.—Hoc illud est praecipue in cognitione rerum salubre ac frugiferum, omnis te exempli documenta in illustri posita monumento intueri: inde tibi tuaeque rei publicae quod imitere capias, inde foedum inceptu, foedum exitu quod vites." [1]

Inspired as he was by patriotic motives in writing, it is only natural that he should tell his story from the point of view of his countrymen, extolling Rome and disparaging

---

[1] "These are the subjects to which in my view the reader should give careful attention; the life of the people, their character, through what leaders and by what qualities at home and abroad empire was gained and extended." "This is especially helpful and profitable in the study of history, that you have in a conspicuous record examples of every sort from which to select for yourself and your state that which you should imitate, that which disgraceful in its beginning, disgraceful in its issue, you should avoid." Preface 9. 10.

her enemies. Nevertheless, he is not often intentionally unfair; he sometimes severely censures the Romans and he can at times do justice to their foes. As we shall see, he is not entirely under the influence of the traditional Roman conception of Hannibal, but, almost in spite of himself, relates the virtues of the great Carthaginian leader. Livy's method apparently was to follow such earlier writers as seemed to him most trustworthy. Sometimes he refers to two or more different accounts; unfortunately, he seldom mentions his sources at all.

Among Roman historians, he names in various passages the following writers: Q. Fabius Pictor (an authority of great value), L. Cincius Alimentus, C. Acilius, Q. Claudius Quadrigarius, Valerius Antias ("a great falsifier"), and L. Coelius Antipater. The work of none of these is extant.

Far superior in every way was the Greek historian Polybius, who was brought to Rome in 167 B.C., as one of the hostages of the Achaean League, and was there detained for seventeen years. Thus he enjoyed unusual opportunities of collecting material for the history of the Carthaginian wars. He was the most critical of ancient historians and, unlike Livy, understood the importance of studying topography and the plans of battles. As an illustration of his interest in the latter subject, it is said that he made a visit to the Alps, in order to determine the route followed by Hannibal. Of the forty books of his history, only four are extant in complete form, including, fortunately, the third book, which treats of the war with Hannibal.[1]

VI. Use of Speeches

The incorporation of speeches in an historical narrative was based upon Greek precedent and had a recognized place in the historian's art. The purpose was not merely

---

[1] The best edition of the text of Polybius is that of Büttner-Dindorf in the Teubner series. There is an admirable translation by Evelyn S. Shuckburgh, The Macmillan Co., London, 1889.

to entertain the reader by avoiding the monotony of uninterrupted narrative, but rather to secure an opportunity for the portrayal of character and the representation of opposing motives. In this way the anti-Roman view could be presented without the risk of appearing unpatriotic. Livy's native talent, as well as his training, was that of a rhetorician, and no part of his work has, either in ancient or modern times, aroused greater admiration than the speeches. Indeed, during the empire, collections of them were made for use in the rhetorical schools. The substance of a speech is frequently taken from one of Livy's sources, but the development of it is all his own.

As illustrations of the skill with which a speech may be made to illuminate the narrative, the following are worthy of special study: XXII. 25, an attack upon the Fabian policy; XXIII. 12-13, speech of Hanno, giving an admirable representation of the secret of Roman success; XXVII. 40-44, contrast between the policy of Fabius and of Scipio; XXX. 30-31, the interview between Scipio and Hannibal.

VII. THE THIRD DECADE

The theme of the third decade, from which the selections in this edition have been taken, is the second Punic War, or, as the Romans properly called it, the war with Hannibal. Involuntarily, perhaps, Livy has made Hannibal the hero of the great tragedy, the development of which he relates with great dramatic power. Through the entire story of the war, the interest centers in Hannibal, while his antagonists appear in but a reflected light. "From beginning to end Hannibal is the pivot about which all else revolves. Every maneuver in these seventeen years is traceable directly to what Hannibal willed or did. He was not only pivot but mainspring of the whole movement; to study him is to study the second Punic War."[1]

---

[1] Dodge, *Hannibal*, p. 638.

Not only do the dramatic possibilities in the story appeal to Livy, but as an historian he realizes the importance of the war, "the most memorable ever waged." Its issue was not merely the temporary triumph of Rome or Carthage, but it was to decide the character of the future civilization of the world:

To tell the story of the war is impossible in the narrow limits of this introduction. In connection with his study of the text, the student should read at least one of the following works:

Rome and Carthage, Epoch Series, R. B. Smith, London, 1893.

Hannibal, William O'Connor Morris, New York, 1897.

Hannibal, Theodore Ayrault Dodge, Houghton, Mifflin & Co., Boston, 1896.

VIII. STYLE AND LANGUAGE

Whatever defects critics may find in Livy as an historian, all agree in praising the brilliance and charm of his style, assigning him an assured position among the world's great writers of prose. His sentences are lucid and his flowing periods are wonderfully adapted to spirited narrative. Above all, with sympathies kindled by his theme, his love for Rome sustains his enthusiasm through a long and difficult task, while a lively imagination enables him to present a picture of men and events that is vivid and realistic. Into this spirit the reader enters and in admiration of the writer almost forgets to criticise the historian. Livy and Vergil alike impressed upon the imagination of later generations the grandeur of the Roman Commonwealth.[1]

In diction and syntax, Livy presents many departures from Ciceronian standards. His language belongs rather to

---

[1] For further study of Livy's position in literature, the following references should be consulted: Teuffel-Schwabe, *Roman Literature*, translated by G. E. Ware, I, §257. Fowler, *History of Roman Literature*, Chapter XII. J. W. Mackail, *Latin Literature*, pp. 144-155.

the silver age of the early empire than to the golden age of the end of the republic. Especially in the early books of his history, he is strongly influenced by the poets, above all by Vergil, so that he uses many poetic words and constructions which probably had not before been employed by careful writers of prose. Attention is called to the following brief list of the most remarkable of the peculiarities that occur in the text of this edition.

1. VERB-FORMS. Livy uses the archaic and poetic ending of the third plural perfect indicative active, *ēre*, as well as the regular *ērunt*; *gessēre* 21, 1, 1; but *vicērunt* 21, 1, 2.

2. VERBAL ADJECTIVES IN -BUNDUS. Livy was particularly fond of this formation; *temptabundus*, 21, 36, 1; *contionabundus*, 21, 53, 6.

3. SYNTAX OF THE CASES. (a) A free use of the partitive genitive, even with the plural; *in immensum altitudinis*, 21, 33, 7; (b) a poetic use of the genitive with nouns expressing emotion; *iram interfecti ab eo domini*, 21, 2, 6; *misericordia sociorum peremptorum indigne*, "pity because of the unworthy destruction of their allies," 21, 16, 2. Cf. Vergil Aen. 2, 413, *ereptae virginis ira*. (c) Ablative instead of the accusative to express duration of time; *novem annis*, 21, 2, 1; *triennio*, 21, 4, 7. (d) Ablative of "place where" without a preposition; *sinistro cornu*, 22, 48, 1; *ea parte*, 22, 48, 5. (e) Accusative of the "place to which" without a preposition; *tumulum succedens*, 22, 28, 12.

4. SYNTAX OF THE VERB. (a) Iterative subjunctive in relative or temporal clauses to express repeated action, where in Cicero the indicative is commonly used; *ubi quid fortiter ac strenue agendum essét*, 21, 4, 5; *neque enim quicquam eorum quae apud hostes agerentur eum fallebat*, 22, 28, 1. (b) The historical infinitive is used by Livy much more frequently than by Caesar. Sometimes it is coördinate with a finite verb; *convertit, credere, intueri*, 21, 4, 1–2. (c) The future participle is used with great freedom to denote simple

futurity, intention, or destiny, or as the conclusion of conditional clause; *adsignaturus*, "intending to assign, 21, 13, 6; *videbatur si iusta ac recta pugna esset, haudquaquam inpar futura*, 22, 28, 13.

5. CONJUNCTIONS. Use of *neque* and *nec* for *neve*; *proinde sequeretur neque deflecteret oculos*, 21, 22, 6.

6. ADVERBIAL PHRASES. Composed of a preposition and a neuter adjective. Many of these occur in Livy for the first time. *ex propinquo*, "near at hand," 21, 46, 3; *ex adverso*, "opposite," 22, 4, 4.

7. NOUN AND PARTICIPLE. A perfect participle in agreement with a noun takes the place of an abstract noun with a genitive; *Sicilia Sardiniaque amissae*, " the loss of Sicily and Sardinia," 21, 1, 5; *ob iram interfecti ab eo domini*, "anger because of the murder of his master," 21, 2, 6.

8. VARIETY OF EXPRESSION. Livy constantly seeks to avoid monotony by varying the construction as far as possible; *Hamilcare duce, Hannibalis ductu*, 21, 2, 2; *incruentam ancipitisque certaminis victoriam*, 21, 29, 4.

TITI LIVI

AB URBE CONDITA

LIBER XXI

I. In parte operis mei licet mihi praefari, quod in 1 principio summae totius professi plerique sunt rerum scriptores, bellum maxime omnium memorabile, quae umquam gesta sint, me scripturum, quod Hannibale duce Carthaginienses cum populo Romano gessere. Nam 2 neque validiores opibus ullae inter se civitates gentesque contulerunt arma neque his ipsis tantum umquam virium aut roboris fuit, et haud ignotas belli artes inter sese sed expertas primo Punico conferebant bello, et adeo varia fortuna belli ancepsque Mars fuit, ut propius periculum fuerint, qui vicerunt. Odiis etiam prope maioribus cer- 3

I. 1-4. Preface. Character of the War.

1. In parte: i.e. the beginning of the third decade (books xxi-xxx). **summae totius:** "their entire work." Contrasted with *parte*. Livy frequently uses *summa* as a substantive. **plerique:** "many." Not a superlative in Livy. **rerum scriptores:** "historians." Thucydides makes a similar claim at the beginning of his history of the Peloponnesian war. **gessere:** see Introduction VIII. 1. The clause is not an essential part of the oratio obliqua; hence the indicative.

2. his ipsis: the Romans and Carthaginians were not only the strongest peoples of antiquity, but they were also at this time at the acme of their power. **virium aut roboris:** "offensive and defensive power." **expertas:** used passively. **ancepsque Mars:** "so impartial the God of battle." **propius:** Livy uses the comparative and superlative of *prope*, as well as the positive, as a preposition with the accusative.

3. odiis: the emphatic position gives the key-note of the sentence. The struggle was marked by a degree of hatred which was as striking as the strength of the rival powers. **Poenis:** sc. *indignantibus*. **crederent:** "because, as they said, they believed"; the quoted reason.

tarunt quam viribus, Romanis indignantibus, quod victoribus victi ultro inferrent arma, Poenis, quod superbe
4 avareque crederent imperitatum victis esse. Fama est
etiam, Hannibalem annorum ferme novem pueriliter
blandientem patri Hamilcari, ut duceretur in Hispaniam,
cum perfecto Africo bello exercitum eo traiecturus sacrificaret, altaribus admotum tactis sacris iure iurando
adactum, se cum primum posset hostem fore populo
5 Romano. Angebant ingentis spiritus virum Sicilia Sardiniaque amissae: nam et Siciliam nimis celeri despera-
tione rerum concessam et Sardiniam inter motum Africae
fraude Romanorum stipendio etiam insuper inposito
1 interceptam. II. His anxius curis ita se Africo bello,
quod fuit sub recentem Romanam pacem, per quinque
annos, ita deinde novem annis in Hispania augendo
2 Punico imperio gessit, ut appareret, maius eum, quam
quod gereret, agitare in animo bellum et, si diutius
vixisset, Hamilcare duce Poenos arma Italiae inlaturos
fuisse, quae Hannibalis ductu intulerunt.
3	Mors Hamilcaris peropportuna et pueritia Hannibalis
distulerunt bellum. Medius Hasdrubal inter patrem ac
5 filium octo ferme annos imperium obtinuit. Is plura
consilio quam vi gerens hospitiis magis regulorum con-
ciliandisque per amicitiam principum novis gentibus
quam bello aut armis rem Carthaginiensem auxit.

---

4. Africo bello: the mutiny of the mercenary troops of Carthage from 241-238 B. C. **tactis sacris:** a rather vague phrase, probably meaning "laying his hands on the victim." Livy 35. 19. 3. gives the oath in a negative form: *numquam amicum fore populi Romani.*
I. 5.-II. Hamilcar and Hasdrubal in Spain.
5. ingentis spiritus: "high-spirited." Genitive of description. **Sicilia Sardiniaque amissae:** see Introduction VIII. 7.

II. 1. sub: with a temporal force; "immediately after." **per quinque annos:** according to Polybius (1.88.7) only three years and a half. **novem annis:** see Introduction VIII. 3 (*c*).
2. inlaturos fuisse: represents the *intulissent* of direct discourse. **Hannibalis ductu:** = *Hannibale duce.* See Introduction VIII. 8.
3. peropportuna: naturally from the point of view of the Romans, who were then occupied with a Gallic war in Northern Italy.

Ceterum nihilo ei pax tutior fuit: barbarus eum quidam 6
palam ob iram interfecti ab eo domini obtruncavit, con-
prensusque ab circumstantibus haud alio, quam si eva-
sisset, vultu, tormentis quoque cum laceraretur, eo fuit
habitu oris, ut superante laetitia dolores ridentis etiam
speciem praebuerit.   Cum hoc Hasdrubale, quia mirae 7
artis in sollicitandis gentibus imperioque suo iungendis
fuerat, foedus renovaverat populus Romanus, ut finis
utriusque imperii esset amnis Hiberus Saguntinisque
mediis inter imperia duorum populorum libertas
servaretur.

III. In Hasdrubalis locum haud dubia res fuit quin 1
praerogativam militarem, qua éxtemplo iuvenis Hannibal
in praetorium delatus imperatorque ingenti omnium
clamore atque adsensu appellatus erat, favor plebis
sequeretur.

IV. Missus Hannibal in Hispaniam primo statim ad- 1
ventu omnem exercitum in se convertit: Hamilcarem 2
iuvenem redditum sibi veteres milites credere, eundem
vigorem in vultu vimque in oculis, habitum oris linea-
mentaque intueri.   Dein brevi effecit, ut pater in se
minimum momentum ad favorem conciliandum esset.

---

6. interfecti ... domini: see Introduction VIII. 3 (b) and VIII. 7.
circumstantibus: " bystanders."
eo:=*tali.* **habitu:** ablative of description. **ridentis:** genitive of the
participle, used substantively and
modifying *speciem.*
7. hoc: refers to the character of
Hasdrubal as sketched above. **ut ...
esset:** a substantive volitive clause
in apposition with an *ea lege* implied in the previous clause. Translate "on condition that." **Saguntinis mediis:** a rather vague statement, implying that Saguntum is
situated on the Ebro, while in fact it
lies a hundred miles to the south.
libertas: "autonomy."

III. 1. IV-V. 2. Hannibal in Spain.

III. 1. **praerogitivam militarem:** "the preliminary choice of
the soldiers." The phrase is sug-
gested by the *praerogitiva centuria,*
the century which voted first in the
Roman comitia and thus frequently
influenced the result.
IV. 1. Hannibal had been sum-
moned to Spain by Hasdrubal some
years before the latter's death.
Livy does not follow a consistent
authority.
2. **credere: intueri:** see Introduction VIII. 4 (b). **brevi:** sc. *tempore.* **pater in se:** a concise phrase.
"His resemblance to his father."

3 Numquam ingenium idem ad res diversissimas, parendum atque imperandum, habilius fuit. Itaque haud facile discerneres, utrum imperatori an exercitui carior esset:
4 neque Hasdrubal alium quemquam praeficere malle, ubi quid fortiter ac strenue agendum esset, neque milites alio
5 duce plus confidere aut audere. ' Plurimum audaciae ad pericula capessenda, plurimum consilii inter ipsa pericula erat. Nullo labore aut corpus fatigari aut animus vinci
6 poterat. Caloris ac frigoris patientia par; cibi potionisque desiderio naturali, non voluptate modus finitus; vigiliarum somnique nec die nec nocte discriminata tem-
7 pora: id, quod gerendis rebus superesset, quieti datum; ea neque molli strato neque silentio accersita; multi saepe militari sagulo opertum humi iacentem inter custo-
8 dias stationesque militum conspexerunt. Vestitus nihil inter aequales excellens; arma atque equi conspiciebantur. Equitum peditumque idem longe primus erat; princeps in proelium ibat, ultimus conserto proelio exce-
9 debat. Has tantas viri virtutes ingentia vitia aequabant: inhumana crudelitas, perfidia plus quam Punica, nihil veri, nihil sancti, nullus deum metus, nullum ius iurandum, nulla religio. Cum hac indole virtutum atque vitiorum triennio sub Hasdrubale imperatore meruit nulla re, quae agenda videndaque magno futuro duci esset, praetermissa.
1 　 V. Ceterum ex quo die dux est declaratus, velut

---

3. parendum atque imperandum: in apposition with *res*. **discerneres**: a potential of the indefinite second person, thrown into past time.

4. agendum esset: see Introduction VIII. 4 (*a*).

6. desiderio naturali: "the needs of nature."

7. id: sc. *tempus*. **gerendis rebus**: "business"; dative with *superesse*.

9. Livy's personal appreciation of Hannibal is apparent from the earlier part of the chapter; he now makes a concession to the traditional Roman view. **Punica**: *Punica fides* was a byword for faithlessness. **meruit**: sc. *stipendia*. "served." **triennio**: see Introduction VIII. 3 (*c*).

V. 1. ex quo die: = *ex eo die quo*. **provincia**: "field of operations." Livy reguarly employs the technical

Italia ei provincia decreta bellumque Romanum mandatum esset, nihil prolatandum ratus, ne se quoque, ut 2
patrem Hamilcarem, deinde Hasdrubalem, cunctantem
casus aliquis opprimeret, Saguntinis inferre bellum statuit.

VI. Cum Saguntinis bellum nondum erat, ceterum 1
iam belli causa certamina cum finitimis serebantur,
maxume Turdetanis. Quibus cum adesset idem, qui litis 2
erat sator, nec certamen iuris, sed vim quaeri appareret,
legati a Saguntinis Romam missi auxilium ad bellum
iam haud dubie imminens orantes. Consules tunc Romae 3
erant P. Cornelius Scipio et Ti. Sempronius Longus. Qui
cum legatis in senatum introductis de re publica rettulissent, placuissetque mitti legatos in Hispaniam ad res
sociorum inspiciendas, quibus si videretur digna causa, 4
et Hannibali denuntiarent, ut ab Saguntinis, sociis populi
Romani, abstineret, et Carthaginem in Africam traicerent
ac sociorum populi Romani querimonias deferrent,—hac 5
legatione decreta necdum missa, omnium spe celerius
Saguntum oppugnari allatum est. Tunc relata de integro
res ad senatum; et alii provincias consulibus Hispaniam 6
atque Africam decernentes terra marique rem gerendam
censebant, alii totum in Hispaniam Hannibalemque
intendebant bellum; erant, qui non temere movendam 7
rem tantam expectandosque ex Hispania legatos censerent.
Haec sententia, quae tutissima videbatur, vicit, legatique 8

---

expressions of Roman administra-
tion in speaking of Carthaginian
affairs.

2. ut patrem: [sc. *casus oppres-
serat.*

VI-VII. 1. Saguntum Attacked.
Roman Aid Sought. :

2. idem: i.e. Hannibal. **sator:**
continues the figure of *serebantur.*

3. The siege of Saguntum began
during the consulship of M. Livius
Salinator and L. Aemilius Paulus, in

219 B.C. P. Cornelius Scipio and Ti.
Sempronius Longus were the con-
suls of the following year. In 15. 4.
Livy corrects his error.

4. denuntiarent: the subject is
implied in the preceding *quibus.*

5. omnium spe celerius: "soon-
er than any one expected." *Spes* im-
plies simply anticipation.

7. expectandosque: when *-que*
connects a negative and an affirmative clause it is to be translated
"but."

eo maturius missi P. Valerius Flaccus et Q. Baebius
Tamphilus Saguntum ad Hannibalem atque inde Carthaginem, si non absisteretur bello, ad ducem ipsum in poe-
nam foederis rupti deposcendum.

1   **VII. Dum ea Romani parant consultantque, iam
Saguntum summa vi oppugnabatur.**

1   **XII. Temptata deinde per duos est exigua pacis spes,**
4 Alconem Saguntinum et Alorcum Hispanum. Alco in-
sciis Saguntinis, precibus aliquid moturum ratus, cum
ad Hannibalem noctu transisset, postquam nihil lacrimae
movebant condicionesque tristes ut ab irato victore fere-
bantur, transfuga ex oratore factus apud hostem mansit,
moriturum adfirmans, qui sub condicionibus iis de pace
5 ageret.   Postulabatur autem, redderent res Turdetanis
traditoque omni auro atque argento egressi urbe cum
singulis vestimentis ibi habitarent, ubi Poenus iussisset.
6 Has pacis leges abnuente Alcone accepturos Saguntinos,
Alorcus, vinci animos, ubi alia vincantur, adfirmans, se
pacis eius interpretem fore pollicetur; erat autem tum
miles Hannibalis, ceterum publice Saguntinis amicus
7 atque hospes.   Tradito palam telo custodibus hostium
transgressus munimenta ad praetorem Saguntinum—et

---

8. si non absisteretur: a future
condition from a past point of view.
Translate the verb personally.
rupti foederis: see Introduction
VIII. 7.

XII. 3.-XIV.   Peace Proposals.
    Capture of Saguntum.

The details of the siege of
Saguntum, which continued about
eight months, and of the reception
of the Roman embassy at Carthage are given in the omitted chapters.

4. moturum: the subject *se* is
omitted. **ut:** "as was to be expected." **ex oratore:** "instead of

an intercessor": this meaning of
orator is akin to that of the verb
orare. **moriturum:** the subject is
the antecedent of *qui*.

5. redderent...habitarent: a
volitive substantive clause, the subject of *postulabatur*. *ut* might have
been used to give a formal connection. **iussisset:** a future perfect
from the past point of view, preceding in time the past future *habitarent*. Hale-Buck Latin Grammar.
§ 509.

6. abnuente: = *negante*.

7. praetorem: "chief magistrate"; not in the usual technical
sense of the word.

ipse ita iubebat—est deductus.　Quo cum extemplo con- 8
cursus omnis generis hominum esset factus, summota
cetera multitudine senatus Alorco datus est, cuius talis
oratio fuit: XIII. 'Si civis vester Alco, sicut ad pacem 1
petendam ad Hannibalem venit, ita pacis condiciones ab
Hannibale ad vos rettulisset, supervacaneum hoc mihi
fuisset iter, quo nec orator Hannibalis nec transfuga ad
vos veni; sed cum ille aut vestra aut sua culpa manserit 2
apud hostem—sua, si metum simulavit, vestra, si periculum est apud vos vera referentibus—, ego, ne ignoraretis
esse aliquas et salutis et pacis vobis condiciones, pro
vetusto hospitio, quod mihi vobiscum est, ad vos veni.
Vestra autem causa me nec ullius alterius loqui, quae 3
loquor apud vos, vel ea fides sit, quod neque dum vestris
viribus restitistis neque dum auxilia ab Romanis sperastis
pacis umquam apud vos mentionem feci.　Postquam nec 4
ab Romanis vobis ulla est spes nec vestra vos iam aut
arma aut moenia satis defendunt, pacem adfero ad vos
magis necessariam quam aequam.　Cuius ita aliqua spes 5
est, si eam, quem ad modum ut victor fert Hannibal, sic
vos ut victi audietis et non id, quod amittitur, in damno,
cum omnia victoris sint, sed, quidquid relinquitur, pro
munere habituri estis.　Urbem vobis, quam ex magna 6
parte dirutam, captam fere totam habet, adimit, agros
relinquit, locum adsignaturus, in quo novum oppidum
aedificetis.　Aurum et argentum omne publicum priva-

---

8. concursus ... esset factus=
homines omnis generis concurrissent.
Such periphrases with *fieri* are common. senatus datus est: a technical expression, "a hearing in the
senate was granted."

XIII. 2. pro: "in view of."

3. fides: "proof." The preceding
infinitive is exegetical. "Let this be
proof of the fact that I speak in
your interest and not in that of
another."

4. postquam: "now that." But in
colloquial speech the temporal force
of *postquam* often practically disap-
pears. Compare the change in the
meaning of the English "since."

5. ut victor: "in his position as
conqueror." in damno: "as loss."
pro munere: "as a gift."

6. dirutam captam ... habet:
practically equivalent to *diruit—cepit*.
adsignaturus: see Introduction
VIII. 4 (*c*).

7 tumque ad se iubet deferri; corpora vestra, coniugum ac liberorum vestrorum servat inviolata, si inermes cum
8 binis vestimentis velitis ab Sagunto exire. Haec victor hostis imperat; haec, quamquam sunt gravia atque acerba, fortuna vestra vobis suadet. Equidem haud despero, cum omnium potestas ei facta sit, aliquid ex his
9 remissurum; sed vel haec patienda censeo potius, quam trucidari corpora vestra, rapi trahique ante ora vestra coniuges ac liberos belli iure sinatis.'

1   XIV. Ad haec audienda cum circumfusa paulatim multitudine permixtum senatui esset populi concilium, repente primores secessione facta, priusquam responsum daretur, argentum aurumque omne ex publico privato-que in forum conlatum in ignem ad id raptim factum conicientes eodem plerique semet ipsi praecipitaverunt.
2 Cum ex eo pavor ac trepidatio totam urbem pervasisset, alius insuper tumultus ex arce auditur. Turris diu quassata prociderat, perque ruinam eius cohors Poeno-rum impetu facto cum signum imperatori dedisset nu-datam stationibus custodiisque solitis hostium esse
3 urbem, non cunctandum in tali occasione ratus Hannibal totis viribus adgressus urbem momento cepit, signo dato, ut omnes puberes interficerentur. Quod imperium cru-dele, ceterum prope necessarium cognitum ipso eventu
4 est: cui enim parci potuit ex iis, qui aut inclusi cum coniugibus ac liberis domos super se ipsos concrema-verunt aut armati nullum ante finem pugnae quam mori-entes fecerunt?

---

7. **corpora vestra**:=*vos*. **binis**: cf. *singulis* 12.5. The orator makes the terms somewhat more generous.

9. **sinatis**: the subjunctive of anticipation and deprecation.

XIV. 1. **secessione facta**: "withdrawing." The periphrasis supplies the lack of a perfect active participle.

3. **ut...interficerentur**: in appo-sition with *signo*, expressing a com-mand. The infinitive in apposition with *signum* in the previous section represents a fact.

4. **cui**: the dative with the imper-sonal passive *parci*. **inclusi**: mid-dle voice; "shutting themselves up."

XVI. Sub idem fere tempus et legati, qui redierant 1
ab Carthagine, Romam rettulerunt omnia hostilia esse,
et Sagunti excidium nuntiatum est; tantusque simul 2
maeror patres misericordiaque sociorum peremptorum
indigne et pudor non lati auxilii et ira in Carthaginienses
metusque de summa rerum cepit, velut si iam ad portas
hostis esset, ut tot uno tempore motibus animi turbati
trepidarent magis quam consulerent: nam neque 3
hostem acriorem bellicosioremque secum congressum
nec rem Romanam tam desidem umquam fuisse atque
inbellem.

XVII. Nominatae iam antea consulibus provinciae 1
erant; tum sortiri iussi. Cornelio Hispania, Sempronio
Africa cum Sicilia evenit. Sex in eum annum decretae 2
legiones et socium quantum ipsis videretur et classis
quanta parari posset. Quattuor et viginti peditum Ro- 3
manorum milia scripta et mille octingenti equites, sociorum quadraginta milia peditum, quattuor milia et
quadringenti equites; naves ducentae viginti quinquere-
mes, celoces viginti deducti. Latum inde ad populum, 4
vellent iuberent populo Carthaginiensi bellum indici;
eiusque belli causa supplicatio per urbem habita atque
adorati dii, ut bene ac feliciter eveniret quod bellum
populus Romanus iussisset.

XVI. 1-3. XVII. 1-4. The Romans
Prepare for War.

XVI. 2. sociorum peremptorum: see Introduction VIII. 3 (b).
uno tempore: "simultaneous";
modifies *motibus*.

3. nam neque: there is an ellipsis
of the verb of thinking.

XVII. 1. nominatae: the "provinces" were first named by the senate, then assigned by lot to the two
consuls, P. Cornelius Scipio and Ti.
Sempronius Longus.

2. socium: the old genitive plu-

ral; note, however, *sociorum* in § 3.
ipsis: i.e. *consulibus.* videretur:
subjunctive, because it is a quota-
tion from the decree of the senate.

3. celoces: here masculine, elsewhere feminine. *Celox (navis).*

4. vellent—iuberent: the direct
formula of the question put by the
magistrate to the people is *velitis
iubeatisne bellum indici, ita vos, Qui-
rites, rogo.* eveniret: an optative
from the past point of view. The
subject is *bellum.*

1   **XXI.** Hannibal Sagunto capto Carthaginem Novam in hiberna concesserat, ibique auditis, quae Romae quaeque Carthagine acta decretaque forent, seque non ducem 2 solum sed etiam causam esse belli, partitis divenditisque reliquiis praedae nihil ultra differendum ratus Hispani 3 generis milites convocat. 'Credo ego vos,' inquit 'socii, et ipsos cernere, pacatis omnibus Hispaniae populis aut finiendam nobis militiam exercitusque dimittendos esse 4 aut in alias terras transferendum bellum; ita enim hae gentes non pacis solum sed etiam victoriae bonis florebunt, si ex aliis gentibus praedam et gloriam quaeremus. 5 Itaque cum longinqua a domo instet militia incertumque sit, quando domos vestras et quae cuique ibi cara sunt visuri sitis, si quis vestrum suos invisere volt, commea- 6 tum do. Primo vere edico adsitis, ut diis bene iuvantibus bellum ingentis gloriae praedaeque futurum incipiamus.' 7 Omnibus fere visendi domos oblata ultro potestas grata erat, et iam desiderantibus suos et longius in futurum 8 providentibus desiderium. Per totum tempus hiemis quies inter labores aut iam exhaustos aut mox exhauriendos renovavit corpora animosque ad omnia de integro patienda. Vere primo ad edictum convenere.

9   Hannibal, cum recensuisset omnium gentium auxilia, Gadis profectus Herculi vota exsolvit novisque se obligat votis, si cetera prospera evenissent.

XXI. 1.-9. XXII. 5.-XXIV. 1. Hannibal Prepares for War.

  XXI. **1. auditis:** sc. *iis.* **forent:** =*essent.* **se—esse:** oratio obliqua loosely connected with *auditis,* which is to be rendered actively. "Hearing that he was the pretext as well as the leader of the war."

  3. vos et ipsos: "you as well as I."

  4. bonis: substantive. **visuri sitis:** the only way of stamping an indirect question as future.

  6. adsitis: a volitive clause without the formal *ut,* the object of *edico.* **gloriae praedaeque:** descriptive predicate genitives.

  7. desiderium: "homesickness," "foreseeing a more prolonged absence that was to follow."

  8. exhauriendos: "soon to be endured." The future opposed to the past *exhaustos.*

  9. evenissent: a future perfect from the past point of view. Cf. *iussisset* 12. 5.

XXII. Ab Gadibus Carthaginem ad hiberna exercitus 1 redit; atque inde profectus praeter Onusam urbem ad Hiberum per maritumam oram ducit. Ibi fama est in 6 quiete visum ab eo iuvenem divina specie, qui se ab Iove diceret ducem in Italiam Hannibali missum: proinde sequeretur neque usquam a se deflecteret oculos. Pavidum 7 primo nusquam circumspicientem aut respicientem secutum; deinde cura ingenii humani cum, quidnam id esset, quod respicere vetitus esset, agitaret animo, temperare oculis nequivisse; tum vidisse post sese serpentem mira 8 magnitudine cum ingenti arborum ac virgultorum strage ferri, ac post insequi cum fragore caeli nimbum. Tum, 9 quae moles ea quidve prodigii esset, quaerentem audisse, vastitatem Italiae esse: pergeret porro ire nec ultra inquireret sineretque fata in occulto esse.

XXIII. Hoc visu laetus tripertito Hiberum copias 1 traiecit praemissis, qui Gallorum animos, qua traducendus exercitus erat, donis conciliarent Alpiumque transitus specularentur. Nonaginta milia peditum, duodecim milia equitum Hiberum traduxit. Ilergetes inde Bargusiosque 2 et Ausetanos et Lacetaniam, quae subiecta Pyrenaeis montibus est, subegit oraeque huic omni praefecit Hannonem, ut fauces, quae Hispanias Galliis iungunt, in potestate essent. Decem milia peditum Hannoni ad 3 praesidium obtinendae regionis data et mille equites. Postquam per Pyrenaeum saltum traduci exercitus est 4 coeptus rumorque per barbaros manavit certior de bello

---

XXII. **1. exercitus:** genitive.

6. quiete: "sleep." Compare Cicero's account of the vision in De Div. I. 24. **sequeretur:** represents an original imperative. **neque:** used for *neve*, as frequently in Livy.

7. cura ingenii humani: "natural curiosity." *Curiositas* is late Latin.

8. ferri: middle voice, "rolling along."

9. prodigii: partitive genitive with *quid*. "Its meaning as a divine manifestation." **pergeret ire:** "hasten on." **nec:** cf. *neque*, § 6.

XXIII. **1. Hiberum:** the accusative is governed by the prepositional part of *traiecit*.

2. Hispanias: Livy is thinking of the later divisions of Spain and Gaul.

4. coeptus est: the voice of *coepi*

Romano, tria milia inde Carpetanorum peditum iter
averterunt. Constabat non tam bello motos quam longin-
5 quitate viae inexsuperabilique Alpium transitu. Han-
6 nibal, quia revocare aut vi retinere eos anceps erat, ne
ceterorum etiam feroces animi inritarentur, supra septem
milia hominum domos remisit, quos et ipsos gravari
militia senserat, Carpetanos quoque ab se dimissos sim-
1 ulans. XXIV. Inde, ne mora atque otium animos sollicitaret, cum reliquis copiis Pyrenaeum transgreditur et
ad oppidum Iliberri castra locat.

1   XXVI. Et P. Cornelius in locum eius, quae missa
cum praetore erat, scripta legione nova profectus ab
urbe sexaginta longis navibus praeter oram Etruriae
Ligurumque et inde Salluvium montis pervenit Mas-
4 siliam et ad proxumum ostium Rhodani—pluribus enim
divisus amnis in mare decurrit—castra locat, vixdum
satis credens Hannibalem superasse Pyrenaeos montis.
5 Quem ut de Rhodani quoque transitu agitare animadvertit, incertus, quonam ei loco occurreret, necdum
satis refectis ab iactatione marituma militibus, trecentos
interim delectos equites ducibus Massiliensibus et auxiliaribus Gallis ad exploranda omnia visendosque ex
6 tuto hostes praemittit. Hannibal ceteris metu aut pretio
pacatis iam in Volcarum pervenerat agrum, gentis va-
lidae. Colunt autem circa utramque ripam Rhodani;
sed diffisi citeriore agro arceri Poenum posse, ut flumen

---

is always that of its complementary
infinitive. An apparent exception to
this rule occurs, when the passive
infinitive has a middle force.

    6. anceps: "dangerous."

    XXIV. **1. Iliberri**: indeclinable,
in apposition with *oppidum.* Here
there was at first some opposition
on the part of the Gauls; their chief-
tains, however, in an interview with
Hannibal, were persuaded to permit
the Carthaginians to pass in safety.

XXVI. **3-6. XXVII-XXVIII. 4.**
Scipio and Hannibal at the Rhone.
Hannibal Crosses the River.

    1. eius: sc. *legionis.* **praeter**:
"coasting along." **Massiliam**: the
modern Marseilles.

    5. occurreret: an indirect delib-
erative question. **iactatione marituma**: "sea-sickness."

    6. gentis: in apposition with
Volcarum. **colunt**:=*incolunt.* **diffisi**: from *diffido.*

pro munimento haberent, omnibus ferme suis trans
Rhodanum traiectis ulteriorem ripam amnis armis ob-
tinebant.

XXVII. Iamque omnibus satis conparatis ad trai- 1
ciendum terrebant ex adverso hostes omnem ripam equites virique obtinentes.   Quos ut averteret, Hannonem 2
Bomilcaris filium vigilia prima noctis cum parte copiarum, maxime Hispanis, adverso flumine ire iter unius 3
diei iubet et, ubi primum possit, quam occultissime
traiecto amni circumducere agmen, ut, cum opus facto
sit, adoriatur ab tergo hostes.   Ad id dati duces Galli 4
edocent, inde milia quinque et viginti ferme supra par-
vae insulae circumfusum amnem latiore, ubi divid_eba-
tur, eoque minus alto alveo transitum ostendere.   Ibi 5
raptim caesa materia ratesque fabricatae, in quibus
equi virique et alia onera traicerentur.   Hispani sine
ulla mole in utres vestimentis coniectis ipsi caetris
superpositis incubantes flumen tranavere.   Et alius ex- 6
ercitus ratibus iunctis traiectus, castris prope flumen
positis, nocturno itinere atque operis labore fessus quiete
unius diei reficitur, intento duce ad consilium opportune
exsequendum.   Postero die profecti ex composito fumo 7
significant transisse et haud procul abesse.   Quod
ubi accepit Hannibal, ne tempori deesset, dat signum
ad traiciendum.   Iam paratas aptatasque habebat pedes 8
lintres, eques fere propter equos naves.   Navium agmen

XXVII. 1. viri:=*pedites*. terrebant: conative.

3. adverso flumine: "up
stream." Cf. *secunda aqua*, "down
stream." facto: ablative of the
participle with *opus sit*. It may be
omitted in translation.

5. utres: inflated skins, the "bot-
tles" of the New Testament. caetris: dative with *incubantes*.

6. alius exercitus: "the rest of
the army." The same idiom as

summus mons. ratibus iunctis:
"rafts made by fastening logs together." operis labore: *opus* is the
task accomplished; *labor*, the fa-
tigue caused by the task.

7. transisse: sc. *se*.

8. lintres: "light skiffs," contrasted with *naves*. tranquillitatem: "quiet water." praebebat: sc.
Hannibal. Many editors take *agmen*
as the subject, with *transmittens*
used intransitively in agreement. ;

ad excipiendum adversi impetum fluminis parte superiore transmittens tranquillitatem infra traicientibus lin-
9 tribus praebebat. Equorum pars magna nantes loris
a puppibus trahebantur praeter eos, quos instratos
frenatosque, ut extemplo egresso in ripam equiti usui
1 essent, inposuerant in naves. XXVIII. Galli occursant
in ripa cum variis ululatibus cantuque moris sui qua-
tientes scuta super capita vibrantesque dextris tela,
2 quamquam et ex adverso terrebat tanta vis navium cum
ingenti sono fluminis et clamore vario nautarum militumque, et qui nitebantur perrumpere impetum fluminis et qui ex altera ripa traicientes suos hortabantur;
3 et iam satis paventes adverso tumultu terribilior ab
tergo adortus clamor castris ab Hannone captis. Mox
et ipse aderat, ancepsque terror circumstabat et e navibus tanta vi armatorum in terram evadente et ab tergo
4 inprovisa premente acie. Galli postquam utroque vim
facere conati pellebantur, qua patere visum maxime iter,
perrumpunt trepidique in vicos passim suos diffugiunt.
Hannibal ceteris copiis per otium traiectis spernens iam
Gallicos tumultus castra locat.
5 √ Elephantorum traiciendorum varia consilia fuisse
credo, certe variat memoria actae rei. Quidam con-
gregatis ad ripam elephantis tradunt ferocissimum ex
iis inritatum ab rectore suo, cum refugientem in aquam
nantem sequeretur, traxisse gregem, ut quemque ti-
mentem altitudinem destitueret vadum, impetu ipso

---

9. **pars nantes**: agreement according to sense.

XXVIII. 1. **moris sui**: describes
cantu. "National songs."

2. **nautarum militumque**: two
different divisions of the Carthaginians at the same time, as is explained in the following relative
clauses.

3. **ancepsque**: "from two direc-
tions."

XXVIII. 5-12. The Elephants are
Transported Across the River.

5. **actae rei**: "of the performance." Livy found in his sources
varying accounts of the manner in
which the elephants were carried
across the river; this discrepancy he
supposes to be due to the fact that
different plans were originally sug-
gested. **rectore**: "the keeper." **ut
... vadum**: the Roman writers did

fluminis in alteram ripam rapiente. Ceterum magis 6
constat ratibus traiectos; id, ut tutius consilium ante
rem foret, ita acta re ad fidem pronius est. Ratem 7
unam ducentos longam pedes quinquaginta latam a
terra in amnem porrexerunt, quam, ne secunda aqua
deferretur, pluribus validis retinaculis parte superiore
ripae religatam pontis in modum humo iniecta con-
straverunt, ut beluae audacter velut per solum ingre-
derentur; altera ratis aeque lata, longa pedes centum, 8
ad traiciendum flumen apta, huic copulata est; tum
elephanti per stabilem ratem tamquam viam praegre-
dientibus feminis acti ubi in minorem adplicatam transgressi sunt, extemplo resolutis, quibus leviter adnexa 9
erat, vinculis ab actuariis aliquot navibus ad alteram
ripam pertrahitur. Ita primis expositis alii deinde re-
petiti ac traiecti sunt. Nihil sane trepidabant, donec 10
continenti velut ponte agerentur; primus erat pavor, cum
soluta ab ceteris rate in altum raperentur; ibi urgentes 11
inter se cedentibus extremis ab aqua trepidationis aliquantum edebant, donec quietem ipse timor circumspec-
tantibus aquam fecisset. Excidere etiam saevientes qui- 12
dam in flumen; sed pondere ipso stabiles deiectis rectoribus quaerendis pedetemptim vadis in terram evasere.

XXIX. Dum elephanti traiciuntur, interim Hanni- 1
bal Numidas equites quingentos ad castra Romana miserat speculatum, ubi et quantae copiae essent et quid

---

not believe that the elephants could
swim.

6. foret: =*esset.* **ad fidem pronius:** "more credible."

7. secunda aqua: "down-stream."
Cf. *adverso flumine,* 27. 3. **audacter:**
Livy uses this form more frequently
than *audaciter.*

8. minorem: sc. *ratem.*

9. ab actuariis: the preposition
is used, because one naturally thinks
of the rowers.

10. donec . . . agerentur: "as
long as they were driven." See Introduction VIII. 4 (*a*).

11. urgentes: "crowding." **inter
se:** the reciprocal: "one another."

12. pedetemptim: "step by
step."

XXIX. Engagement of the Roman
and Carthaginian Cavalry.

1. speculatum: supine, having
as its object the three indirect ques-
tions.

2 pararent. Huic alae equitum missi, ut ante dictum est, ab ostio Rhodani trecenti Romanorum equites occurrunt. Proelium atrocius quam pro numero pugnan-
3 tium editur; nam praeter multa vulnera caedes etiam prope par utrimque fuit, fugaque et pavor Numidarum Romanis iam admodum fessis victoriam dedit. Victores ad centum quadraginta, nec omnes Romani, sed pars Gallorum, victi amplius ducenti
4 ceciderunt. Hoc principium simul omenque belli ut summae rerum prosperum eventum ita haud sane incruentam ancipitisque certaminis victoriam Romanis portendit.

5   Ut re ita gesta ad utrumque ducem sui redierunt, nec Scipioni stare sententia poterat, nisi ut ex consi-
6 liis coeptisque hostis et ipse conatus caperet, et Hannibalem incertum, utrum coeptum in Italiam intenderet iter an cum eo, qui primus se obtulisset Romanus exercitus, manus consereret, avertit a praesenti certamine Boiorum legatorum regulique Magali adventus, qui se duces itinerum, socios periculi fore adfirmantes integro bello nusquam ante libatis viribus Italiam adgredien-
7 dam censent. Multitudo timebat quidem hostem nondum oblitterata memoria superioris belli, sed magis iter immensum Alpesque, rem fama utique inexpertis horrendam, metuebat.

1   XXXII. P. Cornelius consul triduo fere post, quam

---

2. **huic alae:** dative with *occurrunt.* **ante:** see 26. 5.

3. **vulnera:** = *vulneratos.* **caedes:** "the number of the dead." **ad:** "about." **amplius:** is used adverbially and so does not affect the case of *ducenti.*

4. **ancipitisque certaminis:** "but of doubtful issue." The genitive describes *victoriam* just as much as does the adjective *incruentam.* See Introduction VIII. 8.

5. **ad utrumque sui:** = *ad suum ducem utrique redierunt.* An example of hypallage. **nec Scipioni ... poterat:** "Scipio could not form any plan."

6. **eo:** sc. *exercitu.* **avertit—adventus:** Change to the passive in translation. **nusquam ... viribus:** "without dissipating their strength before reaching Italy."

7. **iter Alpesque:** hendiadys. **utique:** "at least."

Hannibal a ripa Rhodani movit, quadrato agmine ad
castra hostium venerat, nullam dimicandi moram facturus. Ceterum ubi deserta munimenta nec facile se 2
tantum praegressos adsecuturum videt, ad mare ac
naves rediit, tutius faciliusque ita descendenti ab Alpibus Hannibali occursurus. Ne tamen nuda auxiliis 3
Romanis Hispania esset, quam provinciam sortitus erat,
Cn. Scipionem fratrem cum maxima parte copiarum
adversus Hasdrubalem misit, non ad tuendos tantum- 4
modo veteres socios conciliandosque novos sed etiam
ad pellendum Hispania Hasdrubalem. Ipse cum ad- 5
modum exiguis copiis Genuam repetit, eo, qui circa
Padum erat exercitus, Italiam defensurus.

Hannibal ab Druentia campestri maxime itinere ad 6
Alpis cum bona pace incolentium ea loca Gallorum
pervenit. Tum, quamquam fama prius, qua incerta in 7
maius vero ferri solent, praecepta res erat, tamen ex
propinquo visa montium altitudo nivesque caelo prope
inmixtae, tecta informia inposita rupibus, pecora iumentaque torrida frigore, homines intonsi et inculti,
animalia inanimaque omnia rigentia gelu, cetera visu

XXXII. 1-5. Scipio Returns to
Italy. His Brother Sent to Spain.

1. **quadrato agmine:** "in fight-
ing order." **facturus:** see Introduction VIII. 4 (c).

2. **tantum praegressos:** "since
they had so much the start of him."
videt: used in a double meaning,
with a noun and an infinitive as objects.

3. **Cn. Scipionem misit:** a wise
decision on the part of the consul,
which somewhat atoned for his fail-
ure to delay Hannibal's advance to
the Alps. It was quite necessary to
check the growing power of the
Carthaginians in Spain in order to
prevent their sending reinforcements
into Italy. Both Scipios were six
years later killed in battle in Spain.

5. **Genuam:** Livy 39. 3. says that
he returned to Pisae. **eo:** sc. *exercitu.*

XXXII. 6.-XXXIII. Hannibal Begins the Ascent of the Alps. Battle with the Mountaineers.

6. **campestri:** this is not appro-
priate to the upper Durance. Livy
probably had no clear idea of the details of the route. **cum bona pace:**
"without molestation."

7. **in maius ferri:** "to be exag-
gerated." **visu, dictu:** ablative of
the supine with *foediora.* The Romans were impressed only with a
feeling of dread at the sight of
mountains; they would never have
thought of visiting the Alps for the
sake of the scenery.

8 quam dictu foediora, terrorem renovarunt. Erigentibus in primos agmen clivos apparuerunt inminentes
tumulos insidentes montani, qui, si valles occultiores
insedissent, coorti ad pugnam repente ingentem fugam
9 stragemque dedissent. Hannibal consistere signa iussit;
Gallisque ad visenda loca praemissis postquam con-
perit transitum ea non esse, castra inter confragosa
omnia praeruptaque quam extentissima potest valle
10 locat. Tum per eosdem Gallos, haud sane multum lingua moribusque abhorrentes, cum se inmiscuissent con-
loquiis montanorum, edoctus interdiu tantum obsideri
saltum, nocte in sua quemque dilabi tecta, luce prima
subiit tumulos, ut ex aperto atque interdiu vim per
11 angustias facturus. Die deinde simulando aliud, quam
quod parabatur, consumpto cum eodem, quo con-
21 stiterant, loco castra communissent, ubi primum de-
gressos tumulis montanos laxatasque sensit custodias,
pluribus ignibus quam pro numero manentium in speciem factis impedimentisque cum equite relictis et
13 maxima parte peditum, ipse cum expeditis, acerrimo
quoque viro, raptim angustias evadit iisque ipsis tumulis, quos hostes tenuerant, consedit.

1   XXXIII. Prima deinde luce castra mota et agmen
2 reliquum incedere coepit. Iam montani signo dato ex
castellis ad stationem solitam conveniebant, cum repente conspiciunt alios arce occupata sua super caput
3 inminentis, alios via transire hostis. Utraque simul

---

8. **erigentibus**: sc. *Poenis*. Dative with *apparuerunt*. Translate
by a clause.

9. **ea**: sc. *parte*. It is felt as an
adverb.

10. **interdiu**: contrasted with
nocte. **ut facturus**: see Introduction VIII. 4 (c).

11. **simulando aliud**: ablative
of means with *die . . . consumpto*.

13. **acerrimo quoque viro**: "all
picked men"; in apposition to *expeditis*. **evadit**: here a transitive verb.

XXXIII. 2. **arce sua**: i.e. the
heights which they had formerly occupied.

3. **utraque . . . animisque**: the
subject of *defixit*. See Introduction
VIII. 7. "The effect at the same time
upon eye and mind."

obiecta res oculis animisque immobiles parumper eos
defixit; deinde, ut trepidationem in angustiis suoque
ipsum tumultu misceri agmen videre, equis maxime 4
consternatis, quidquid adiecissent ipsi terroris, satis ad
perniciem fore rati, diversis rupibus iuxta in vias ac
devia adsueti decurrunt.   Tum vero simul ab hostibus 5
simul ab iniquitate locorum Poeni oppugnabantur,
plusque inter ipsos, sibi quoque tendente, ut periculo
primus evaderet, quam cum hostibus certaminis erat.
Equi maxime infestum agmen faciebant, qui et clamo- 6
ribus dissonis, quos nemora etiam repercussaeque valles
augebant, territi trepidabant et icti forte aut vulnerati
adeo consternabantur, ut stragem ingentem simul hominum ac sarcinarum omnis generis facerent; multosque 7
turba, cum praecipites deruptaeque utrimque angus-
tiae essent, in inmensum altitudinis deiecit, quosdam
et armatos; sed ruinae maxime modo iumenta cum
oneribus devolvebantur.   Quae quamquam foeda visu 8
erant, stetit parumper tamen Hannibal ac suos con-
tinuit, ne tumultum ac trepidationem augeret; deinde, 9
postquam interrumpi agmen vidit periculumque esse,
ne exutum impedimentis exercitum nequiquam incolu-
mem traduxisset, decurrit ex superiore loco et, cum
impetu ipso fudisset hostem, suis quoque tumultum
auxit.   Sed is tumultus momento temporis, postquam 10
liberata itinera fuga montanorum erant, sedatur, nec
per otium modo sed prope silentio mox omnes traducti.   Castellum inde, quod caput eius regionis erat,
viculosque circumiectos capit, et captivo cibo ac peco- 11

---

4. adiecissent: a future perfect from the past point of view.

5. ab iniquitate: the preposition is used for the sake of symmetry; personification also plays its part. **quoque:** from *quisque*. **certaminis:** connect with *plus*.

6. infestum: passive; "endan-
gered." **repercussae:** "echoing."

7. ruinae: concrete; "Like a fall-
ing wall." **devolvebantur:** middle voice.

9. exutum: equivalent to a conditional clause.

11. circumiectos: middle voice; "surrounding."

ribus per triduum exercitum aluit; et quia nec a mon-
tanis primo perculsis nec loco magno opere impedie-
bantur, aliquantum eo triduo viae confecit.

4   XXXV. Nono die in iugum Alpium perventum est
per invia pleraque et errores, quos aut ducentium fraus
aut, ubi fides iis non esset, temere initae valles a
5 coniectantibus iter faciebant.   Biduum in iugo stativa
habita, fessisque labore ac pugnando quies data militibus; iumentaque aliquot, quae prolapsa in rupibus
erant, sequendo vestigia agminis in castra pervenere.
6 Fessis taedio tot malorum nivis etiam casus occidente
7 iam sidere Vergiliarum ingentem terrorem adiecit. Per
omnia nive oppleta cum signis prima luce motis segni-
ter agmen incederet, pigritiaque et desperatio in om-
8 nium vultu emineret, praegressus signa Hannibal in
promunturio quodam, unde longe ac late prospectus
erat, consistere iussis militibus Italiam ostentat sub-
iectosque Alpinis montibus Circumpadanos campos,
9 moeniaque eos tum transcendere non Italiae modo sed
etiam urbis Romanae; cetera plana, proclivia fore; uno
aut summum altero proelio arcem et caput Italiae in
manu ac potestate habituros.

10   Procedere inde agmen coepit, iam nihil ne hosti-

XXXV. **4.-XXXVII.** Hannibal
Crosses the Alps.
   4. nono die: additional details in
the description of the journey up to
this point have been omitted. In
Livy's time there was much discussion as to Hannibal's route over the
Alps and the problem is still un-
solved. For a summary of various views, see the excursus to
Capes' edition of Livy XXI and
XXII.
   errores: "wanderings." **initae
valles**: one of the two subjects of
faciebant. Change from active to
passive in translating the relative
clause.

   6. sidere Vergiliarum: the Plei-
ades. The time is the latter part of
October.
   8. signa: object of *prae(=praeter)-
gressus*. **in promunturio**: it would
be absurd to expect to find a height
along any route which Hannibal
could have taken, from which such
a view even of the plains of the
Po is possible. The scene, however,
as painted by Livy is an inspiring
one and justifies the rhetorical em-
bellishment.
   9. transcendere: a second object
of *ostentat*, parallel to *Italiam* and
campos. **summum**: adverbial "at
most."

bus quidem praeter parva furta per occasionem temptantibus. Ceterum iter multo, quam in ascensu fuerat, 11 ut pleraque Alpium ab Italia sicut breviora ita adrectiora sunt, difficilius fuit. Omnis enim ferme via praeceps, angusta, lubrica erat, ut neque sustinere se ab 12 lapsu possent nec, qui paulum titubassent, haerere adfixi vestigio suo, aliique super alios et iumenta in homines occiderent.

XXXVI. Ventum deinde ad multo angustiorem 1 rupem atque ita rectis saxis, ut aegre expeditus miles temptabundus manibusque retinens virgulta ac stirpes circa eminentes demittere sese posset. Natura locus 2 iam ante praeceps recenti lapsu terrae in pedum mille admodum altitudinem abruptus erat. Ibi cum velut 3 ad finem viae equites constitissent, miranti Hannibali, quae res moraretur agmen, nuntiatur rupem inviam esse. Digressus deinde ipse ad locum visendum. Haud 4 dubia res visa, quin per invia circa nec trita antea quamvis longo ambitu circumduceret agmen. Ea vero 5 via inexsuperabilis fuit. Nam cum super veterem nivem intactam nova modicae altitudinis esset, molli nec praealtae facile pedes ingredientium insistebant; ut 6 vero tot hominum iumentorumque incessu dilapsa est, per nudam infra glaciem fluentemque tabem liquescentis nivis ingrediebantur. Taetra ibi luctatio erat 7 via lubrica non recipiente vestigium et in prono citius pedes fallente, ut, seu manibus in adsurgendo seu

---

10. **furta:** "stealthy attacks." **ab Italia:** "on the Italian side."

XXXVI. 1. **ventum:** sc. *est.* **temptabundus:** "feeling his way." See Introduction VIII. 2.

2. **natura:** ablative. **in...altitudinem:** Polybius (3.54.7) says that the road for a distance of nine hundred feet was impassable. Livy perhaps wrote *longitudinem.* Certainly the statement in the text is absurd.

4. **circumduceret:** "must lead around." The subjunctive conveys the idea of obligation.

5. **nova:** sc. *nix.* **molli:** sc. *nivi,* dative with *insistebant.*

6. **dilapsa est:** "melted." **fluentem tabem:** "slush."

7. **fallente:** "causing them to slip." *Pedes* need not be translated. **adminiculis:** i.e. their hands and feet. **lēvi:** distinguish from *lĕvi.*

genu se adiuvissent, ipsis adminiculis prolapsis iterum
corruerent; nec stirpes circa radicesve, ad quas pede
aut manu quisquam eniti posset, erant; ita in levi tan-
8 tum glacie tabidaque nive volutabantur. Iumenta
secabant interdum etiam infimam ingredientia nivem
et prolapsa iactandis gravius in conitendo ungulis peni-
tus perfringebant, ut pleraque velut pedica capta hae-
rerent in dura et alte concreta glacie.

1   XXXVII. Tandem nequiquam iumentis atque
hominibus fatigatis castra in iugo posita, aegerrime
ad id ipsum loco purgato: tantum nivis fodiendum
2 atque egerendum fuit. Inde ad rupem muniendam,
per quam unam via esse poterat, milites ducti, cum
caedendum esset saxum, arboribus circa inmanibus
deiectis detruncatisque struem ingentem lignorum
faciunt eamque, cum et vis venti apta faciendo igni
coorta esset, succendunt ardentiaque saxa infuso aceto
3 putrefaciunt. Ita torridam incendio rupem ferro pan-
dunt molliuntque anfractibus modicis clivos, ut non
iumenta solum sed elephanti etiam deduci possent.
4 Quadriduum circa rupem consumptum iumentis prope
fame absumptis; nuda enim fere cacumina sunt et, si
5 quid est pabuli, obruunt nives. Inferiora valles apri-
cosque quosdam colles habent rivosque prope silvas et
6 iam humano cultu digniora loca. Ibi iumenta in pabu-

---

8. in conitendo: "in their efforts
to rise."

XXXVII. **1. egerendum:** "carried off."

2. ad rupem muniendam: "to
build a road through the rock."
Munio meant originally to build; cf.
moenia. **vis venti:** hendiadys; "a
strong wind." **aceto:** "sour wine,
vinegar." It is hardly worth while
to discuss seriously the credibility
of this story. Livy's account, although generally accepted by the
Romans, does not seem probable.

The war with Hannibal so impressed
the popular imagination that the
growth of legend was easy and natural. Polybius inveighs against
contemporary historians who had
introduced an element of fiction into
their accounts of the war. Col.
Dodge suggests that *acetum* is a
translation of ὄξος, which is used
of some kind of explosive. **putrefaciunt:** "break up."

3. anfractibus: "zigzags."

5. inferiora: sc. *loca*; the subject.

lum missa, et quies muniendo fessis hominibus data. Triduo inde ad planum descensum iam et locis mollioribus et accolarum ingeniis. ‿

XXXIX. Peropportune ad principia rerum Taurinis, proximae genti, adversus Insubres motum bellum erat. Sed armare exercitum Hannibal, ut parti alteri auxilio esset, in reficiendo maxime sentientem contracta ante mala, non poterat: otium enim ex labore, 2 copia ex inopia, cultus ex inluvie tabeque squalida et prope efferata corpora varie movebat. Ea P. Cornelio 3 consuli causa fuit, cum Pisas navibus venisset, exercitu a Manlio Atilioque accepto tirone et in novis ignominiis trepido ad Padum festinandi, ut cum hoste nondum refecto manus consereret. Et Hannibal movit ex 6 Taurinis, incertos, quae pars sequenda esset, Gallos praesentem secuturos esse ratus. Iam prope in con- 7 spectu erant exercitus convenerantque duces sicuti inter se nondum satis noti, ita iam inbutus uterque quadam admiratione alterius. Nam Hannibalis et apud Roma- 8 nos iam ante Sagunti excidium celeberrimum nomen erat, et Scipionem Hannibal eo ipso, quod adversus se dux potissimum lectus esset, praestantem virum credebat; et auxerant inter se opinionem, Scipio, quod 9 relictus in Gallia obvius fuerat in Italiam transgresso Hannibali, Hannibal et conatu tam audaci traiciendarum Alpium et effectu.

Occupavit tamen Scipio Padum traicere, et ad 10

---

6. **mollioribus—ingeniis:** Livy observes a natural connection between the climate and the character of the inhabitants of the region.

XXXIX. XL. XLI. 13.-XLIV. Hannibal and Scipio at the Ticinus. Speeches of the two Commanders.

XXXIX. 1. **in reflciendo;** "in recuperating."

2. **ex:** denotes change of condition.

3. **tirone:** adjective with *exercitu.* **festinandi:** genitive depending upon *causa.*

6. **praesentem:** sc. *partem.*

7. **sicuti . . . ita:** "although . . . yet." **inter se:** "to one another." The regular reciprocal.

10. **occupavit;** "was the first to."

Ticinum amnem motis castris, priusquam educeret **in**
aciem, adhortandorum militum causa talem orationem
1 est exorsus: XL. 'Si eum exercitum, milites, edu-
cerem in aciem, quem in Gallia mecum habui, super-
2 sedissem loqui apud vos; quid enim adhortari referret
aut eos equites, qui equitatum hostium ad Rhodanum
flumen egregie vicissent, aut eas legiones, cum quibus
fugientem hunc ipsum hostem secutus confessionem
cedentis ac detractantis certamen pro victoria habui?
3 Nunc, quia ille exercitus, Hispaniae provinciae scriptus,
ibi cum fratre Cn. Scipione meis auspiciis rem gerit,
ubi eum gerere senatus populusque Romanus voluit,
4 ego, ut consulem ducem adversus Hannibalem ac Poenos haberetis, ipse me huic voluntario certamini obtuli,
novo imperatori apud novos milites pauca verba
5 facienda sunt. Ne genus belli neve hostem ignoretis,
cum iis est vobis, milites, pugnandum, quos terra
marique priore bello vicistis, a quibus stipendium per
viginti annos exegistis, a quibus capta belli praemia
6 Siciliam ac Sardiniam habetis. Erit igitur in hoc certamine is vobis illisque animus, qui victoribus et victis
esse solet. Nec nunc illi, quia audent, sed quia
7 necesse est, pugnaturi sunt; nisi creditis, qui exercitu
incolumi pugnam detractavere, eos duabus partibus peditum equitumque in transitu Alpium amissis plus spei
8 nactos esse. 'At enim pauci quidem sunt, sed vigentes
animis corporibusque, quorum robora ac vires vix sus-

XL. **1. supersedissem**: "I should
have considered it unnecessary."
apud vos: not quite logical, although the meaning is clear enough.

2. egregie: the exaggeration is
natural to the rhetorician. **cedentis ac detractantis**: sc. *hostis*, depending upon *confessionem*.

3. meis auspiciis: the right of
the auspices belonged to the consul
alone.

5. per viginti annos: in round
numbers the interval between the
two Carthaginian wars.

7. duabus partibus: "two-
thirds." In such expressions with
partes, the denominator is always
greater by one than the expressed
numerator.

8. at: "but you may say"; introduces the objection of an imaginary
opponent.

tinere vis ulla possit.'	Effigies immo, umbrae hominum 9
fame frigore inluvie squalore enecti, contusi ac debili-
tati inter saxa rupesque; ad hoc praeusti artus, nive
rigentes nervi, membra torrida gelu, quassata fractaque
arma, claudi ac debiles equi: cum hoc equite, cum hoc 10
pedite pugnaturi estis; reliquias extremas hostis, non
hostem habetis; ac nihil magis vereor, quam ne, cum
vos pugnaveritis, Alpes vicisse Hannibalem videantur.
Sed ita forsitan decuit, cum foederum ruptore duce ac 11
populo deos ipsos sine ulla humana ope committere
ac profligare bellum, nos, qui secundum deos violati
sumus, commissum ac profligatum conficere.	XLI. 13
Atque utinam pro decore tantum hoc vobis et non pro
salute esset certamen!	Non de possessione Siciliae 14
ac Sardiniae, de quibus quondam agebatur, sed pro
Italia vobis est pugnandum.	Nec est alius ab tergo 15
exercitus, qui, nisi nos vincimus, hosti obsistat, nec Alpes aliae sunt, quas dum superant, comparari nova pos-
sint praesidia.	Hic est obstandum, milites, velut si
ante Romana moenia pugnemus.	Unus quisque se non 16
corpus suum sed coniugem ac liberos parvos armis
protegere putet; nec domesticas solum agitet curas,
sed identidem hoc animo reputet, nostras nunc intueri
manus senatum populumque Romanum: qualis nostra 17
vis virtusque fuerit, talem deinde fortunam illius urbis
ac Romani imperii fore.'

XLII. Haec apud Romanos consul.	Hannibal re- 1

---

9. ad hoc: "besides."	**praeusti:** words literally expressing heat are often used of intense cold.	*prae-:* "at the extremities."

10. hoc: = *tali.*

11. profligare bellum: "virtually decide the war."	**secundum:** a preposition.	**conficere:** "give the finishing touches to."

XLI. **14. de quibus agebatur:** "which were formerly at stake." A

common use of the impersonal *agitur.*

16. domesticas: "of his own family."	**manus:** subject of *intueri.* Observe the climax.

XLII. **1. consul:** sc. *dixit.*	**rebus:** "an object lesson."	**spectaculum:** Livy is thinking of the gladiatorial combats of his own time.	**victor:** a condition within a conditional clause.

bus prius quam verbis adhortandos milites ratus cir-
cumdato ad spectaculum exercitu captivos montanos
vinctos in medio statuit armisque Gallicis ante pedes
eorum proiectis interrogare interpretem iussit, ecquis,
si vinculis levaretur armaque et equum victor acciperet,
2 decertare ferro vellet. Cum ad unum omnes ferrum
pugnamque poscerent et deiecta in id sors esset, se quisque eum optabat, quem fortuna in id certamen legeret;
3 cuiusque sors exciderat, alacer inter gratulantes gaudio
exultans cum sui moris tripudiis arma raptim capiebat.
4 Ubi vero dimicarent, is habitus animorum non inter
eiusdem modo condicionis homines erat sed etiam inter
spectantes vulgo, ut non vincentium magis quam bene
1 morientium fortuna laudaretur. XLIII. Cum sic aliquot spectatis paribus adfectos dimisisset, contione inde
2 advocata ita apud eos locutus fertur: 'Si, quem animum
in alienae sortis exemplo paulo ante habuistis, eundem
mox in aestimanda fortuna vestra habueritis, vicimus,
milites; neque enim spectaculum modo illud, sed quae-
3 dam veluti imago vestrae condicionis erat. Ac nescio
an maiora vincula maioresque necessitates vobis quam
4 captivis vestris fortuna circumdederit: dextra laevaque
duo maria claudunt nullam ne ad effugium quidem
navem habentis, circa Padus amnis maior ac violentior
Rhodano, ab tergo Alpes urgent, vix integris vobis ac
5 vigentibus transitae. Hic vincendum aut moriendum,
milites, est, ubi primum hosti occurristis. Et eadem
fortuna, quae necessitatem pugnandi imposuit, praemia

2. **ad unum**: "to a man." **in id**: i.e. to determine, the contestants.
3. **cuiusque**:=*et cuius*. **sui moris**: cf. 28. 1.
4. **dimicarent**: see Introduction VIII. 4 (*a*). **spectantes vulgo**: "the crowd of spectators."
XLIII. 1. **paribus**: a substantive used regularly of pairs of gladiators.
2. **alienae**: the possessive of *alius*. **vicimus**: the tense suggests the certainty of victory.
3. **nescio an**: "probably."
4. **habentis**: sc. *vos*. **integris ... vigentibus**: "with undiminished numbers and strength."

vobis ea victoribus proponit, quibus ampliora homines
ne ab diis quidem immortalibus optare solent.   Si Sici- 6
liam tantum ac Sardiniam parentibus nostris ereptas
nostra virtute recuperaturi essemus, satis tamen ampla
pretia essent: quidquid Romani tot triumphis partum
congestumque possident, id omne vestrum cum ipsis
dominis futurum est.   In hanc tam opimam mercedem, 7
agite dum, diis bene iuvantibus arma capite.   Satis ad- 8
huc in vastis Lusitaniae Celtiberiaeque montibus pecora
consectando nullum emolumentum tot laborum pericu-
lorumque vestrorum vidistis; tempus est iam opulenta 9
vos ac ditia stipendia facere et magna operae pretia
mereri, tantum itineris per tot montes fluminaque et
tot armatas gentes emensos.   Hic vobis terminum labo- 10
rum fortuna dedit; hic dignam mercedem emeritis
stipendiis dabit.   Nec, quam magni nominis bellum est, 11
tam difficilem existimaritis victoriam fore: saepe et
contemptus hostis cruentum certamen edidit et incluti
populi regesque perlevi momento victi sunt. Nam 12
dempto hoc uno fulgore nominis Romani quid est, cur
illi vobis comparandi sint?   Ut viginti annorum mili- 13
tiam vestram cum illa virtute, cum illa fortuna taceam,
ab Herculis columnis, ab Oceano terminisque ultimis
terrarum per tot ferocissimos Hispaniae et Galliae populos vincentes huc pervenistis; pugnabitis cum exercitu 14
tirone, hac ipsa aestate caeso victo circumsesso a Gallis,

---

6. recuperaturi essemus: note
the combination of future and past
time. The effect is that of an unreal
future condition. **in:** "in expectation of."

7. agite dum: "come then"; a
colloquial phrase.

8. vastis: "desolate," not "vast."
Cf. *vastare*.

9. ditia: from *dives*.

10. emeritis stipendiis: "when

the campaign is ended." The phrase
was first used of earning the soldier's pay. Compare the anglicised
word *emeritus*.

11. nec: see Introduction VIII. 5.

12. dempto fulgore: equivalent
to a conditional clause.

14. caeso victo circumsesso:
the order is striking; the climax im-
plies that the disgrace consisted in al-
lowing themselves to be surrounded.

15 ignoto adhuc duci suo ignorantique ducem.   An me in
praetorio patris, clarissimi imperatoris, prope natum,
certe eductum, domitorem Hispaniae Galliaeque, vic-
torem eundem non Alpinarum modo gentium sed ipsa-
rum, quod multo maius est, Alpium, cum semenstri hoc
16 conferam duce, desertore exercitus sui? Cui si quis
demptis signis Poenos Romanosque hodie ostendat,
ignoraturum certum habeo, utrius exercitus sit consul.
17 Non ego illud parvi aestimo, milites, quod nemo est
vestrum, cuius non ante oculos ipse saepe militare aliquod ediderim facinus, cui non idem ego virtutis spectator ac testis notata temporibus locisque referre sua
18 possim decora. Cum laudatis a me miliens donatisque,
alumnus prius omnium vestrum quam imperator, pro-
cedam in aciem adversus ignotos inter se ignorantesque.
1 XLIV. Quocumque circumtuli oculos, plena omnia vi-
deo animorum ac roboris, veteranum peditem, genero-
2 sissimarum gentium equites frenatos infrenatosque, vos
socios fidelissimos fortissimosque, vos Carthaginienses
cum pro patria tum ob iram iustissimam pugnaturos.
3 Inferimus bellum infestisque signis descendimus in Italiam, tanto audacius fortiusque pugnaturi quam hostis,
quanto maior spes, maior est animus inferentis vim
4 quam arcentis. Accendit praeterea et stimulat animos

---

15. desertore: refers to the fact
that Scipio had sent to Spain the
army originally assigned him. See
32. 3. Livy makes Hannibal misin-
terpret his opponent's acts in a
manner worthy of a modern "spell-
binder."

16. certum habeo: "I am certain." More frequently *pro certo
habeo*.

17. parvi: genitive of indefinite
value.

18. alumnus: "foster-child."

XLIV. **2. frenatos infrenatosque:** the latter refers particularly
to the Numidians. Cf. Vergil Aen.,
4. 41., *Numidae infreni*. Translate
"heavy and light."

3. inferentis vim: "one on the
offensive."

4. dolor iniuria indignitas: "in-
dignation caused by grief at our
wrongs." Hendiadys. **vos omnes:**
an exaggeration natural enough
from the point of view of the
speaker. **oppugnassetis:** the subjunctive is due to the implied oratio
obliqua. **deditos:** = *si dediti essemus*.

dolor iniuria indignitas. Ad supplicium depoposce-
runt me ducem primum, deinde vos omnes, qui Saguntum oppugnassetis; deditos ultimis cruciatibus adfec-
turi fuerunt. Crudelissima ac superbissima gens sua 5
omnia suique arbitrii facit. Cum quibus bellum, cum
quibus pacem habeamus, se modum inponere aequum
censet. Circumscribit includitque nos terminis montium fluminumque, quos non excedamus, neque eos,
quos statuit, terminos observat. "Ne transieris Hibe- 6
rum! Ne quid rei tibi sit cum Saguntinis!" At liberum
est Saguntum. "Nusquam te vestigio moveris!" Parum 7
est, quod veterrimas provincias meas Siciliam ac Sardiniam ademisti? Adimis etiam Hispanias? Et, inde
si decessero, in Africam transcendes. Transcendes autem? Transcendisse dico; duos consules huius anni,
unum in Africam, alterum in Hispaniam miserunt. Nihil
usquam nobis relictum est, nisi quod armis vindicarimus.
Illis timidis et ignavis esse licet, qui respectum habent, 8
quos sua terra suus ager per tuta ac pacata itinera
fugientes accipient: vobis necesse est fortibus viris esse
et omnibus inter victoriam mortemque certa despera-
tione abruptis aut vincere aut, si fortuna dubitabit,
in proelio potius quam in fuga mortem oppetere. Si 9
hoc bene fixum omnibus destinatumque animo est,
iterum dicam, vicistis: nullum contemptu mortis telum
ad vincendum homini ab dis immortalibus acrius datum
est.'

---

5. excedamus: the subjunctive is volitive. We should expect *ne*, not *non*.

6. ne transieris: the beginning of an imaginary *altercatio* between Rome and Carthage. **vestigio:** "from the spot."

7. transcendes autem?: "do I say you will cross?" **duos consules:** *unum* and *alterum* are in apposition.

8. timidis: attracted to the case of *illis*. **omnibus abruptis:** "giving up all other hope than victory or death." They had burned their bridges behind them. **si fortuna dubitabit:** a euphemism for defeat. **ad vincendum:** defines *telum*.

1　XLV. His adhortationibus cum utrimque ad certamen accensi militum animi essent, Romani ponte
Ticinum iungunt tutandique pontis causa castellum
2　insuper inponunt; Poenus hostibus opere occupatis Ma-
harbalem cum ala Numidarum, equitibus quingentis,
ad depopulandos sociorum populi Romani agros mittit;
3　Gallis parci quam maxime iubet principumque animos
ad defectionem sollicitari. Ponte perfecto traductus
Romanus exercitus in agrum Insubrium quinque milia
4　passuum a Victumulis consedit. Ibi Hannibal castra
habebat; revocatoque propere Maharbale atque equitibus, cum instare certamen cerneret, nihil umquam
satis dictum praemonitumque ad cohortandos milites
ratus, vocatis ad contionem certa praemia pronuntiat,
5　in quorum spem pugnarent: agrum sese daturum esse
in Italia Africa Hispania, ubi quisque velit, immunem
ipsi, qui accepisset, liberisque; qui pecuniam quam
6　agrum maluisset, ei se argento satisfacturum; qui sociorum cives Carthaginienses fieri vellent, potestatem facturum; qui domos redire mallent, daturum se operam,
ne cuius suorum popularium mutatam secum.fortunam
7　esse vellent. Servis quoque dominos prosecutis libertatem proponit, binaque pro iis mancipia dominis se
8　redditurum. Eaque ut rata scirent fore, agnum laeva
manu, dextra silicem retinens, si falleret, Iovem
ceterosque precatus deos, ita se mactarent, quem
ad modum ipse agnum mactasset, secundum precatio-
nem caput pecudis saxo elisit. Tum vero omnes, velut

XLV-XLVI. 9. Battle of the
　Ticinus.
1. **Ticinum iungunt**: a short-cut
expression for *Ticini ripas iungunt.*
3. **Gallis**: cf. 14. 4.
4. **pugnarent**: a volitive subjunctive.
5. **immunem**: "exempt from
taxes."

6. **secum**: =*cum sua fortuna.*
8. **silicem**: the use of flint is ev-
idence of the antiquity of the cere-
mony. Livy here again ascribes to
the Carthaginians a Roman custom.
See I. 24. 8. **si falleret**: sc. *fidem;*
"if he should perjure himself." The
future from a past point of view.
secundum: cf. 40. 11.

diis auctoribus in spem suam quisque acceptis, id 9
morae, quod nondum pugnarent, ad potienda sperata rati, proelium uno animo et voce una poscunt.

XLVI. Apud Romanos haudquaquam tanta alacri- 1
tas erat, super cetera recentibus etiam territos prodi-
giis; nam et lupus intraverat castra laniatisque obviis 2
ipse intactus evaserat, et examen apum in arbore praetorio imminente consederat. Quibus procuratis Scipio 3
cum equitatu iaculatoribusque expeditis profectus ad
castra hostium ex propinquo copiasque, quantae et
cuius generis essent, speculandas, obvius fit Hannibali
et ipsi cum equitibus ad exploranda circa loca progresso.
Neutri alteros primo cernebant; densior deinde incessu 4
tot hominum et equorum oriens pulvis signum pro-
pinquantium hostium fuit. Consistit utrumque agmen,
et ad proelium sese expediebant. Scipio iaculatores 5
et Gallos equites in fronte locat, Romanos sociorumque
quod roboris fuit, in subsidiis; Hannibal frenatos equites in medium accipit, cornua Numidis firmat. Vixdum 6
clamore sublato iaculatores fugerunt inter subsidia ad
secundam aciem. Inde equitum certamen erat aliquamdiu anceps; dein, quia turbabant equos pedites
intermixti, multis labentibus ex equis aut desilientibus,
ubi suos premi circumventos vidissent, iam magna ex 7
parte ad pedes pugna venerat, donec Numidae, qui in
cornibus erant, circumvecti paulum ab tergo se osten-
derunt. Is pavor perculit Romanos, auxitque pavorem

---

9. diis auctoribus: a legal
phrase. The gods are to guarantee
the performance of Hannibal's promise. **quisque:** in loose apposition
with *omnes.* **morae(esse):** = *morari.*
potienda sperata: the gerundive
is possible because *potior* is really a
transitive verb. In early Latin it
governs the accusative.

XLVI. **2. praetorio:** dative with
imminente.

3. procuratis: the technical
word for performing the proper
ceremonies to placate the offended
gods. **castra:** sc. *speculanda.* **ex
propinquo:** an adverbial phrase:
"near at hand."

4. signum: the dative of purpose
would have been expected.

5. sociorumque . . . fuit: "the
flower of the allies."

consulis vulnus periculumque intercursu tum primum
8 pubescentis fili propulsatum. Hic erit iuvenis, penes
quem perfecti huiusce belli laus est, Africanus ob egregiam victoriam de Hannibale Poenisque appellatus.
9 Fuga tamen effusa iaculatorum maxume fuit, quos primos Numidae invaserunt; alius confertus equitatus consulem in medium acceptum non armis modo sed etiam
corporibus suis protegens in castra nusquam trepide
neque effuse cedendo reduxit.

1   XLVII. Hoc primum cum Hannibale proelium fuit;
quo facile apparuit equitatu meliorem Poenum esse et
ob id campos patentis, quales sunt inter Padum Alpes-
2 que, bello gerendo Romanis aptos non esse. Itaque
proxima nocte iussis militibus vasa silentio colligere
castra ab Ticino mota festinatumque ad Padum est, ut
ratibus, quibus iunxerat flumen, nondum resolutis sine
tumultu atque insectatione hostis copias traiceret.

1   LII. Iam ambo consules et quidquid Romanorum
virium erat Hannibali oppositum aut illis copiis defendi
posse Romanum imperium aut spem nullam aliam esse
2 satis declarabat. Tamen consul alter equestri proelio
uno et vulnere suo minutus trahi rem malebat; recentis
animi alter eoque ferocior nullam dilationem patiebatur.
3 Quod inter Trebiam Padumque agri est, Galli tum

---

7. tum primum pubescentis: "approaching manhood." He was then seventeen.

8. erit: Livy glances into the future. A similar stylistic use of the future is frequent in Carlyle's French Revolution. **penes:** a preposition used with names of persons only. **perfecti belli:** see Introduction VIII. 7. **victoriam:** the battle of Zama, 202 B.C.

9. alius: "the rest of." **cedendo:** with practically the same meaning as *cedens*. In late Latin, the ablative of the gerund is frequently an

equivalent of the present participle.

XLVII. **1. equitatu:** ablative of respect.

2. vasa colligere: soldiers' slang for "packing up."

LII-LVI. The Battle of the Trebia.

LII. **1. ambo consules:** Sempronius Longus had been recalled from Sicily and had united his army with that of Scipio at the river Trebia. **oppositum:** to be connected with *consules* as well as *quidquid*, the whole forming the subject of *declarabat*.

2. minutus: sc. *animi;* "discouraged."

incolebant, in duorum praepotentium populorum certamine per ambiguum favorem haud dubie gratiam
victoris spectantes. Id Romani, modo ne quid move- 4
rent, aequo satis, Poenus periniquo animo ferebat, ab
Gallis accitum se venisse ad liberandos eos dictitans.
Ob eam iram, simul ut praeda militem aleret, duo milia 5
peditum et mille equites, Numidas plerosque, mixtos
quosdam et Gallos, populari omnem deinceps agrum
usque ad Padi ripas iussit. Egentes ope Galli, cum ad 6
id dubios servassent animos, coacti ab auctoribus
iniuriae ad vindices futuros declinant legatisque ad
consules missis auxilium Romanorum terrae ob nimiam
cultorum fidem in Romanos laboranti orant. Cornelio 7
nec causa nec tempus agendae rei placebat, suspecta-
que ei gens erat cum ob infida multa facinora tum, ut
illa vetustate obsolevissent, ob recentem Boiorum per-
fidiam; Sempronius contra continendis in fide sociis 8
maximum vinculum esse primos, qui eguissent ope,
defensos censebat. Is tum, collega cunctante, equita- 9
tum suum, mille peditum iaculatoribus ferme admixtis,
ad defendendum Gallicum agrum trans Trebiam mittit.
Sparsos et inconpositos, ad hoc gravis praeda plerosque 10
cum inopinato invasissent, ingentem terrorem caedem-
que ac fugam usque ad castra stationesque hostium
fecere; unde multitudine effusa pulsi rursus subsidio
suorum proelium restituere. Varia inde pugna inter 11
sequentes cedentesque; cumque ad extremum aequas-
sent certamen, maior tamen hostium caedes, penes
Romanos fama victoriae fuit.

---

8. per ambiguum favorem:
"pretending friendship for both."

4. modo . . . moverent: a negative proviso clause. **aequo:** sc.
animo ferebant.

6. ad id: sc. *temporis.* **vindices
futuros:** "those who seemed likely
to avenge them." **laboranti:** with
terrae; "in distress."

7. ut: concessive.

8. primos . . . defensos: subject
of *esse:* "the defense of the first."

10. ad hoc: "besides." **unde:**
i.e. from the Carthaginian camp.

1   LIII. Ceterum nemini omnium maior ea iustior-
que quam ipsi consuli videri; gaudio efferri, qua parte
1 copiarum alter consul victus foret, ea se vicisse: resti-
tutos ac refectos militibus animos, nec quemquam esse
praeter conlegam, qui dilatam dimicationem vellet;
eum animo magis quam corpore aegrum memoria vul-
neris aciem ac tela horrere.   Sed non esse cum aegro
3 senescendum.   Quid enim ultra differri aut teri tempus?
Quem tertium consulem, quem alium exercitum ex-
4 pectari?   Castra Carthaginiensium in Italia ac prope
in conspectu urbis esse.   Non Siciliam ac Sardiniam
victis ademptas nec cis Hiberum Hispaniam peti, sed
solo patrio terraque, in qua geniti forent, pelli Ro-
5 manos. 'Quantum ingemiscant' inquit 'patres nostri
circa moenia Carthaginis bellare soliti, si videant nos,
progeniem suam, duos consules consularesque exercitus,
in media Italia paventis intra castra, Poenum, quod
inter Alpis Appenninumque agri sit, suae dicionis
6 fecisse?' Haec adsidens aegro collegae, haec in praetorio prope contionabundus agere.   Stimulabat et tempus propinquum comitiorum, ne in novos consules bellum differretur, et occasio in se unum vertendae gloriae,
7 dum aeger collega erat.   Itaque nequiquam dissentiente
Cornelio parari ad propinquum certamen milites iubet.
      Hannibal cum, quid optimum foret hosti, cerneret,
vix ullam spem habebat temere atque inprovide quic-

LIII. **1.** **iustior:** "more complete." **videri, efferri:** historical
infinitives. **se vicisse:** a *quod*
clause is more frequently used to express the source of the emotion.

3. **differri:** the infinitive here
represents a rhetorical question of
fact.

4. **victis:** dative of separation.

5. **soliti:** an unfortunate allusion
to Regulus, the only Roman general
who had hitherto led his army near

Carthage. **Poenum . . . fecisse:** a
second object of *videant*, parallel to
nos paventis. **dicionis:** predicate
possessive genitive.

6. **contionabundus:** cf. *templa-
bundus*, 36.1. The consul plays the
demagogue. **comitiorum:** the con-
sular election. One great weakness
of the Roman military system is
here illustrated.

7. **parari:** middle voice. **foret:**
=*esset*.

quam consules acturos; cum alterius ingenium, fama 8
prius, deinde re cognitum, percitum ac ferox sciret
esse ferociusque factum prospero cum praedatoribus
suis certamine crederet, adesse gerendae rei fortunam
haud diffidebat. Cuius ne quod praetermitteret tempus, 9
sollicitus intentusque erat, dum tiro hostium miles
esset, dum meliorem ex ducibus inutilem vulnus faceret,
dum Gallorum animi vigerent, quorum ingentem multi- 10
tudinem sciebat segnius secuturam, quanto longius ab
domo traherentur. Cum ob haec taliaque speraret pro- 11
pinquum certamen et facere, si cessaretur, cuperet,
speculatoresque Galli, ad ea exploranda, quae vellet,
tutiores, quia in utrisque castris militabant, paratos
pugnae esse Romanos rettulissent, locum insidiis circum-
spectare Poenus coepit. LIV. Erat in medio rivus prae- 1
altis utrimque clausus ripis et circa obsitus palustribus
herbis et, quibus inculta ferme vestiuntur, virgultis
vepribusque. Quem ubi equites quoque tegendo satis
latebrosum locum circumvectus ipse oculis perlustravit,
'Hic erit locus', Magoni fratri ait 'quem teneas. De- 2
lige centenos viros ex omni pedite atque equite, cum
quibus ad me vigilia prima venias; nunc corpora curare tempus est.' Ita praetorium missum. Mox cum 3
delectis Mago aderat. 'Robora virorum cerno' inquit
Hannibal; 'sed uti numero etiam, non animis modo
valeatis, singuli vobis novenos ex turmis manipulisque
vestri similes eligite. Mago locum monstrabit, quem
insideatis: hostem caecum ad has belli artes habetis.'

---

8. ferocius: refers to *ingenium*.
9. cuius: its antecedent is *fortunam*.
11. facere: i.e. to force a battle.
LIV. 1. equites quoque: "even the cavalry." The accusative as object of the dative of the gerund is a rare construction.
2. teneas: a determinative voli-

tive clause; "which you are to occupy." **corpora curare**: "to refresh yourselves."
3. praetorium: used by metonymy of the council, which met in the general's tent. **missum**: = *dimissum (est)*. **turmis manipulisque**: divisions of the cavalry and infantry. **insideatis**: cf. *teneas*.

4 Ita mille equitibus, mille peditibus dimissis Hannibal prima luce Numidas equites transgressos Trebiam flumen obequitare iubet hostium portis iaculandoque in stationes elicere ad pugnam hostem, iniecto deinde certamine cedendo sensim citra flumen pertrahere.

5 Haec mandata Numidis; ceteris ducibus peditum equitumque praeceptum, ut prandere omnes iuberent, armatos deinde instratisque equis signum expectare.

6   Sempronius ad tumultum Numidarum primum omnem equitatum, ferox ea parte virium, deinde sex milia peditum, postremo omnes copias ab destinato

7 iam ante consilio avidus certaminis eduxit. Erat forte brumae tempus et nivalis dies in locis Alpibus Appenninoque interiectis, propinquitate etiam fluminum ac

8 paludum praegelidis. Ad hoc raptim eductis hominibus atque equis, non capto ante cibo, non ope ulla ad arcendum frigus adhibita, nihil caloris inerat, et quidquid aurae fluminis adpropinquabant, adflabat acrior

9 frigoris vis. Ut vero refugientes Numidas insequentes aquam ingressi sunt — et erat pectoribus tenus aucta nocturno imbri — tum utique egressis rigere omnibus corpora, ut vix armorum tenendorum potentia esset, et simul lassitudine et procedente iam die fame etiam

1 deficere. LV. Hannibalis interim miles ignibus ante tentoria factis oleoque per manipulos, ut mollirent artus, misso et cibo per otium capto, ubi transgressos flumen hostis nuntiatum est, alacer animis corporibusque arma

2 capit atque in aciem procedit. Baliares locat ante signa levemque aliam armaturam, octo ferme milia hominum,

---

6. ab destinato consilio: "according to the plan already settled in his mind."

7. Alpibus: dative with *interiectis*.

8. ope: refers particularly to the use of oil. quidquid: adverbial accusative. A comparative would seem more natural; "the nearer they approached."

9. tenus: a postpositive preposition; "breast-high." rigere: historical infinitive as is also *deficere*.

dein graviorem armis peditem, quod virium, quod
roboris erat; in cornibus circumfudit decem milia equitum, et ab cornibus in utramque partem divisos elephantos statuit.　Consul effuse sequentis equites, cum 3
ab resistentibus subito Numidis incauti exciperentur,
signo receptui dato revocatos circumdedit peditibus.
Duodeviginti milia Romana erant, socium nominis La- 4
tini viginti, auxilia praeterea Cenomanorum; ea sola in
fide manserat Gallica gens.　Iis copiis concursum est.
Proelium a Baliaribus ortum est; quibus cum maiore 5
robore legiones obsisterent, diducta propere in cornua
levis armatura est, quae res effecit, ut equitatus Romanus
extemplo urgeretur.　Nam cum vix iam per se resiste- 6
rent decem milibus equitum quattuor milia et fessi
integris plerisque, obruti sunt insuper velut nube iaculorum a Baliaribus coniecta.　Ad hoc elephanti emi- 7
nentes ab extremis cornibus, equis maxime non visu
modo sed odore insolito territis, fugam late faciebant.
Pedestris pugna par animis magis quam viribus erat, 8
quas recentis Poenus paulo ante curatis corporibus in
proelium attulerat; contra ieiuna fessaque corpora Romanis et rigentia gelu torpebant.　Restitissent tamen
animis, si cum pedite solum foret pugnatum; sed et 9
Baliares pulso equite iaculabantur in latera et elephanti iam in mediam peditum aciem sese intulerant
et Mago Numidaeque, simul latebras eorum inprovida

LV. 2. ab: "extending out
from." *ab* indicates the point of
departure.

3. receptui: dative of purpose.

4. socium: see 17. 2. nominis
Latini: a political rather than a geo-
graphical designation, implying
qualified Roman citizenship.

5. quae res: "this maneuver."

6. quattuor milia: "only four
thousand." The Latin emphasizes
the disparity in numbers by the po-

sition of the numerals. fessi: sc. *re-
sisterent*. velut: the metaphor is
not so common in Latin as in English; hence the apologetic *velut*.
coniecta: by enallage, agrees with
nube rather than *iaculorum*.

8. quas: its antecedent is *viribus*.
"For the Carthaginians had
come in the freshness of their
strength."

9. latebras: governed by the
preposition in *praeterlata*.

praeterlata acies est, exorti ab tergo ingentem tumultum
10 ac terrorem fecere.   Tamen in tot circumstantibus malis
mansit aliquamdiu immota acies, maxime praeter spem
1 omnium adversus elephantos.   LVI. Trepidantisque et
prope iam in suos consternatos e media acie in extre-
mam ad sinistrum cornu adversus Gallos auxiliares agi
iussit Hannibal.   Ibi extemplo haud dubiam fecere fugam, eoque novus terror additus Romanis, ut fusa
2 auxilia sua viderunt.   Itaque cum iam in orbem pugnarent, decem milia ferme hominum, cum alia evadere
nequissent, media Afrorum acie, qua Gallicis auxiliis
firmata erat, cum ingenti caede hostium perrupere et,
3 cum neque in castra reditus esset flumine interclusis
neque prae imbri satis decernere possent, qua suis
4 opem ferrent, Placentiam recto itinere perrexere.   Plures deinde in omnes partes eruptiones factae; et qui
flumen petiere, aut gurgitibus absumpti sunt aut inter
5 cunctationem ingrediendi ab hostibus oppressi; qui
passim per agros fuga sparsi erant, alii vestigia cedentis
sequentes agminis Placentiam contendere, aliis timor
hostium audaciam ingrediendi flumen fecit, transgres-
6 sique in castra pervenerunt.   Imber nive mixtus et
intoleranda vis frigoris et homines multos et iumenta et
7 elephantos prope omnis absumpsit.   Finis insequendi
hostis Poenis flumen Trebia fuit, et ita torpentes gelu in
castra rediere, ut vix laetitiam victoriae sentirent.
8 Itaque nocte insequenti, cum praesidium castrorum et
quod reliquum sauciorum ex magna parte militum erat
ratibus Trebiam traicerent, aut nihil sensere obstrepente

---

10. **spem**: see 6. 5.

LVI. 1. **trepidantis**: sc. *elephan-tos*. **suos**: the elephants are spoken of almost as allies of the Carthaginians.

2. **in orbem**: the accusative because of the motion implied in a change of position.

3. **interclusis**: sc. *iis*.

4. **inter cunctationem**: "while they hesitated."

5. **cedentis**: agrees with *agminis*.

8. **obstrepente pluvia**: "the noise of the beating rain."

pluvia aut, quia iam moveri nequibant prae lassitu- 9
dine ac vulneribus, sentire sese dissimularunt, quietis-
que Poenis tacito agmine ab Scipione consule exercitus
Placentiam est perductus, inde Pado traiecto Cremonam,
ne duorum exercituum hibernis una colonia premeretur.

LXIII. Consulum designatorum alter Flaminius, 1
cui eae legiones, quae Placentiae hibernabant, sorte
evenerant, edictum et litteras ad consulem misit, ut
is exercitus idibus Martiis Arimini adesset in castris.
Hic in provincia consulatum inire consilium erat me- 2
mori veterum certaminum cum patribus, quae tribunus
plebis et quae postea consul prius de consulatu, qui
abrogabatur, dein de triumpho habuerat; invisus etiam 3
patribus erat ob novam legem, quam Q. Claudius tribunus plebis adversus senatum atque uno patrum adiu-
vante C. Flaminio tulerat, ne quis senator cuive senator
pater fuisset maritimam navem, quae plus quam trecentarum amphorarum esset, haberet. Id satis habi- 4
tum ad fructus ex agris vectandos; quaestus omnis patribus indecorus visus. Res per summam contentionem
acta invidiam apud nobilitatem suasori legis Flaminio, favorem apud plebem alterumque in de consulatum
peperit. Ob haec ratus auspiciis ementiendis Latina- 5

---

9. moveri: middle voice.
LXIII. The Consul Flaminius.
1. consulum designatorum:
the consuls elect for 217 B.C. were
Cn. Servilius and C. Flaminius.
2. hic: the adverb; i.e. at Arimin-
ium. **memori:** sc. *ei* (*consuli*). **tri-**
bunus plebis: as tribune of the people in 232 B.C., Flaminius aroused
the hatred of the senate by his agra-
rian law. **consul:** i.e. in his first
consulship in 223 B.C. **abrogabatur:**
conative imperfect, "which they at-
tempted to annul," through a pre-
tense of irregular omens. The
senate sent letters of recall to Fla-

minius, who had taken the field
against the Insubrians; but he re-
fused to open them until after the
battle, in which he gained a signal
victory.
3. trecentarum amphorarum:
of about eight tons' burden.
4. quaestus: "trade." The senate
had originally been a land-owning
aristocracy. Now they were anxious
to control the growing foreign trade,
even at the risk of doing violence to
the old family pride. **inde:** refers
back to *favorem.*
5. auspiciis ementiendis: "fal-
sification of the auspices." **Lati-**

rumque feriarum mora et consularibus aliis impedimentis retenturos se in urbe, simulato itinere privatus clam
6 in provinciam abiit. Ea res ubi palam facta est, novam
insuper iram infestis iam ante patribus movit: non cum
senatu modo sed iam cum diis immortalibus C. Flami-
11 nium bellum gerere. Revocandum universi retrahen-
dumque censuerunt et cogendum omnibus prius praesentem in deos hominesque fungi officiis, quam ad
12 exercitum et in provinciam iret. In eam legationem—
legatos enim mitti placuit — Q. Terentius et M. Antistius profecti nihilo magis eum moverunt, quam priore
13 consulatu litterae moverant ab senatu missae. Paucos
post dies magistratum iniit, immolantique ei vitulus
iam ictus e manibus sacrificantium sese cum proripu-
isset, multos circumstantes cruore respersit; fuga pro-
14 cul etiam maior apud ignaros, quid trepidaretur, et
concursatio fuit. Id a plerisque in omen magni terroris
15 acceptum. Legionibus inde duabus a Sempronio prioris anni consule, duabus a C. Atilio praetore acceptis
in Etruriam per Appennini tramites exercitus duci est
coeptus.

---

narum feriarum: the Latin festival
in honor of Jupiter Latiaris, at
which a consul must preside, occupied four days. impedimentis:
"obstacles thrown in the way of consuls." We are given a hint of certain
Roman methods of filibustering.

12. litterae: see § 2.
13. ei: dative of disadvantage.
"As he was sprinkling meal on the
victim s head."
15. est coeptus: see 23. 4. We
should expect *exercitum ducere coepit.*

TITI LIVI

AB URBE CONDITA

LIBER XXII

I. Iam ver adpetebat; itaque Hannibal ex hibernis 1
movit, et nequiquam ante conatus transcendere Appen-
ninum intolerandis frigoribus et cum ingenti periculo
moratus ac metu. Galli, quos praedae populationum- 2
que conciverat spes, postquam pro eo, ut ipsi ex alieno
agro raperent agerentque, suas terras sedem belli esse
premique utriusque partis exercituum hibernis videre,
verterunt retro in Hannibalem ab Romanis odia; peti- 3
tusque saepe principum insidiis ipsorum inter se fraude,
eadem levitate, qua consenserant, consensum indicantium, servatus erat et mutando nunc vestem nunc
tegumenta capitis errore etiam sese ab insidiis munierat.
Ceterum hic quoque ei timor causa fuit maturius mo- 4
vendi ex hibernis.

Per idem tempus Cn. Servilius consul Romae idibus
Martiis magistratum iniit. Ibi cum de re publica 5
rettulisset, redintegrata in C. Flaminium invidia est:
duos se consules creasse, unum habere; quod enim illi
iustum imperium, quod auspicium esse?

I. 1-5. II. Hannibal Moves to
       Etruria.
1. nequiquam: explained by *intolerandis frigoribus*.
2. eo: the *ut*-clause is in apposition. "Instead of themselves plun-
dering."
3. inter se: see 21. 39. 7.; "their

mutual treachery." **indicantium:**
refers to *principum*. **tegumenta
capitis:** wigs, according to Polybius
(3. 78. 2). **errore:** i.e. uncertainty of
the Gauls as to Hannibal's iden-
tity.
5. illi: i.e. Flaminius. **esse:** see
21. 53. 3.

1   II. Dum consul placandis Romae dis habendoque
dilectu dat operam, Hannibal profectus ex hibernis,
quia iam Flaminium consulem Arretium pervenisse
2 fama erat, cum aliud longius, ceterum commodius
ostenderetur iter, propiorem viam per paludes petit,
qua fluvius Arnus per eos dies solito magis inunda-
3 verat. Hispanos et Afros et omne veterani robur
exercitus admixtis ipsorum impedimentis, necubi consistere coactis necessaria ad usus deessent, primos ire
4 iussit, sequi Gallos, ut id agminis medium esset, novis-
simos ire equites, Magonem inde cum expeditis Numidis
cogere agmen, maxime Gallos, si taedio laboris longae-
que viae, ut est mollis ad talia gens, dilaberentur aut
5 subsisterent, cohibentem. Primi, qua modo praeirent
duces, per praealtas fluvii ac profundas voragines hausti
paene limo inmergentesque se tamen signa sequebantur.
6 Galli neque sustinere se prolapsi neque adsurgere ex
voraginibus poterant neque aut corpora animis aut
animos spe sustinebant, alii fessa aegre trahentes mem-
7 bra, alii, ubi semel victis taedio animis procubuissent,
inter iumenta et ipsa iacentia passim morientes; max-
imeque omnium vigiliae conficiebant per quadriduum
8 iam et tres noctes toleratae. Cum omnia obtinentibus
aquis nihil, ubi in sicco fessa sternerent corpora,
9 inveniri posset, cumulatis in aqua sarcinis insuper in-
cumbebant aut iumentorum itinere toto prostratorum
passim acervi tantum, quod extaret aqua, quaerentibus
ad quietem parvi temporis necessarium cubile dabant.
10 Ipse Hannibal, aeger oculis ex verna primum intem-

II. **1. consul** the orthodox consul, Servilius. **dilectu:** =*dilectui*.

2. solito: used substantively,
"more than usual."

3. necubi: *ne-cubi*. The latter
part of the compound, an indefinite
adverb, modifies *consistere*.

4. cogere: "to bring up."

5. qua ... duces: "anywhere, if
only their guides led the way." A
clause of proviso.

8. ubi: refers to *nihil* and introduces a potential descriptive clause.

9. tantum: object of *quaerentibus*. They were satisfied with any-
thing that stood above the water.

perie variante calores frigoraque, elephanto, qui unus 11
superfuerat, quo altius ab aqua extaret, vectus, vigiliis
tamen et nocturno umore palustrique caelo gravante
caput, et quia medendi nec locus nec tempus erat, altero
oculo capitur.

III. Multis hominibus iumentisque foede amissis 1
cum tandem de paludibus emersisset, ubi primum in
sicco potuit, castra locat, certumque per praemissos
exploratores habuit exercitum Romanum circa Arretium
moenia esse. Consulis deinde consilia atque animum 2
et situm regionum itineraque et copias ad commeatus
expediendos et cetera, quae cognosse in rem erat,
summa omnia cum cura inquirendo exsequebatur. Re- 3
gio erat in primis Italiae fertilis, Etrusci campi, qui
Faesulas inter Arretiumque iacent, frumenti ac pecoris
et omnium copia rerum opulenti; consul ferox ab con- 4
sulatu priore et non modo legum aut patrum maie-
statis sed ne deorum quidem satis metuens. Hanc
insitam ingenio eius temeritatem fortuna prospero civilibus bellicisque rebus successu aluerat. Itaque satis 5
apparebat nec deos nec homines consulentem fero-
citer omnia ac praepropere acturum; quoque pronior
esset in vitia sua, agitare eum atque inritare Poenus
parat, et laeva relicto hoste Faesulas petens medio 6
Etruriae agro praedatum profectus quantam maximam

---

10. variante: here transitive; "alternating between heat and cold."

11. altero oculo capitur: "loses the sight of one eye." *Oculo captus* may be used either of one permanently blind or of one temporarily blinded.

III-VII. Battle of Lake Trasimenus.

III. 1. certum habuit: see 21. 43. 16.

2. cognosse: = *cognorisse.* **in rem:** "to the point, to his advan-tage." Compare *refert.* **summa:** connect with *cum cura.*

3. opulenti: agrees with *campi.* It is construed with the ablative *copia,* upon which the preceding gen-itives depend.

4. legum: objective genitive with *metuens,* construed as an adjective. **ingenio:** dative with *insitam.* "in-nate." **civilibus:** Flaminius built the Via Flaminia and the Circus Flaminius.

5. quoque: = *et quo.*

6. praedatum: supine.

vastitatem potest caedibus incendiisque consuli procul
7 ostendit. Flaminius, qui ne quieto quidem hoste ipse
quieturus erat, tum vero, postquam res sociorum ante
oculos prope suos ferri agique vidit, suum id dedecus
ratus, per mediam iam Italiam vagari Poenum atque
obsistente nullo ad ipsa Romana moenia ire oppug-
8 nanda, ceteris omnibus in consilio salutaria magis
quam speciosa suadentibus: collegam expectandum, ut
coniunctis exercitibus communi animo consilioque rem
9 gererent, interim equitatu auxiliisque levium armorum
ab effusa praedandi licentia hostem cohibendum, iratus
se ex consilio proripuit signumque simul itineris pug-
naeque cum proposuisset, 'Immo Arreti ante moenia
10 sedeamus' inquit; 'hic enim patria et penates sunt.
Hannibal emissus e manibus perpopuletur Italiam vas-
tandoque et urendo omnia ad Romana moenia perveniat,
nec ante nos hinc moverimus, quam, sicut olim Ca-
millum a Veis, C. Flaminium ab Arretio patres accive-
11 rint'. Haec simul increpans cum ocius signa convelli
iuberet et ipse in equum insiluisset, equus repente cor-
12 ruit consulemque lapsum super caput effudit. Territis
omnibus, qui circa erant, velut foedo omine incipiendae
rei insuper nuntiatur signum omni vi moliente signi-
13 fero convelli nequire. Conversus ad nuntium 'Num
litteras quoque' inquit 'ab senatu adfers, quae me rem
gerere vetent? Abi, nuntia, effodiant signum, si ad
14 convellendum manus prae metu obtorpuerunt.' Incedere inde agmen coepit primoribus, super quam quod
dissenserant ab consilio, territis etiam duplici prodigio,
milite in vulgus laeto ferocia ducis, cum spem magis
ipsam quam causam spei intueretur.

---

7. nullo: regular ablative of *nemo*.
10. vastando: cf. *cedendo*, 21. 46.
9. nec: see Introduction VIII. 5.
13. litteras: see 21. 63. 2. **effo-**

diant: cf. *adsitis*, 21. 21. 6.
14. super quam quod: "besides
the fact that." **in vulgus**: =*vulgo*
"generally."

IV. Hannibal quod agri est inter Cortonam urbem 1
Trasumennumque lacum omni clade belli pervastat,
quo magis iram hosti ad vindicandas sociorum iniurias
acuat. Et iam pervenerat ad loca nata insidiis, ubi 2
maxime montes Cortonenses Trasumennus subit. Via
tantum interest perangusta, velut ad id ipsum de industria relicto spatio; deinde paulo latior patescit campus;
inde colles adsurgunt. Ibi castra in aperto locat, ubi 3
ipse cum Afris modo Hispanisque consideret; Baliares
ceteramque levem armaturam post montis circumducit;
equites ad ipsas fauces saltus tumulis apte tegentibus
locat, ut, ubi intrassent Romani, obiecto equitatu clausa
omnia lacu ac montibus essent.

Flaminius cum pridie solis occasu ad lacum per- 4
venisset, inexplorato postero die vixdum satis certa
luce angustiis superatis, postquam in patentiorem campum pandi agmen coepit, id tantum hostium, quod ex
adverso erat, conspexit; ab tergo ac super caput haud
detectae insidiae. Poenus ubi, id quod petierat, clausum 5
lacu ac montibus et circumfusum suis copiis habuit
hostem, signum omnibus dat simul invadendi. Qui ubi, 6
qua cuique proximum fuit, decucurrerunt, eo magis
Romanis subita atque inprovisa res fuit, quod orta ex
lacu nebula campo quam montibus densior sederat,
agminaque hostium ex pluribus collibus ipsa inter se
satis conspecta eoque magis pariter decucurrerant.
Romanus clamore prius undique orto, quam satis 7
cerneret, se circumventum esse sensit, et ante in
frontem lateraque pugnari coeptum est, quam satis

IV. 2. ad id ipsum: i.e. *insidiis.*
de industria: "as if from the design of nature," the same thought as
nata insidiis.

3. consideret: a volitive descriptive clause.

4. inexplorato: this is the one
act of carelessness on Flaminius'
part that clearly deserves censure.
We must remember that Livy's account is throughout colored by
the prejudices of the aristocratic
party. pandi: middle, "to de-
ploy." See 21. 23. 4. ex adverso:
"in front."

6. campo: =*in campo.*

instrueretur acies aut expediri arma stringique gladii possent.

1   V. Consul perculsis omnibus ipse satis, ut in re trepida, inpavidus turbatos ordines, vertente se quoque ad dissonos clamores, instruit, ut tempus locusque patitur, et, quacumque adire audirique potest, adhorta-

2 tur ac stare ac pugnare iubet: nec enim inde votis aut inploratione deum sed vi ac virtute evadendum esse; per medias acies ferro viam fieri et, quo timoris

3 minus sit, eo minus ferme periculi esse. Ceterum prae strepitu ac tumultu nec consilium nec imperium accipi poterat, tantumque aberat, ut sua signa atque ordines et locum noscerent, ut vix ad arma capienda aptanda- que pugnae conpeteret animus, opprimerenturque qui- dam onerati magis iis quam tecti. Et erat in tanta

4 caligine maior usus aurium quam oculorum. Ad gemi- tus vulnerum ictusque corporum aut armorum et mixtos terrentium paventiumque clamores circumferebant ora

5 oculosque. Alii fugientes pugnantium globo inlati haerebant, alios redeuntes in pugnam avertebat fugien-

6 tium agmen. Deinde, ubi in omnis partis nequiquam impetus capti, et ab lateribus montes ac lacus, a fronte et ab tergo hostium acies claudebant, apparuitque

7 nullam nisi in dextera ferroque salutis spem esse, tum sibi quisque dux adhortatorque factus ad rem gerendam et nova de integro exorta pugna est, non illa ordinata per principes hastatosque ac triarios, nec ut pro signis antesignani, post signa alia pugnaret acies, nec ut in

---

7. **possent**: the potential idea, really found in the preceding *instrueretur*, is here made explicit.

V. 1. **ut**: restricts *satis impavi- dus;* "as far as possible in the panic." **quoque**: from *quisque.*

2. **deum**: genitive plural. Cf. *sodium*, 21. 17. 2.

3. **ut ... noscerent**: subject of *aberat;* "so far were they from

recognizing." **usus aurium**: they could hear well, but could not see distinctly.

5. **globo**: dative with *inlati.* **re- deuntes**: conative; "attempting to return."

7. **principes hastatosque**: Livy confuses the order; at this time the arrangement was *hastati, principes, triarii.*

sua legione miles aut cohorte aut manipulo esset: fors 8
conglobabat et animus suus cuique ante aut post
pugnandi ordinem dabat; tantusque fuit ardor animorum, adeo intentus pugnae animus, ut eum motum
terrae, qui multarum urbium Italiae magnas partes
prostravit avertitque cursu rapidos amnis, mare flumini-
bus invexit, montes lapsu ingenti proruit, nemo pugnantium senserit.

VI. Tris ferme horas pugnatum est, et ubique 1
atrociter; circa consulem tamen acrior infestiorque
pugna est. Eum et robora virorum sequebantur et 2
ipse, quacumque in parte premi ac laborare senserat suos,
inpigre ferebat opem; insignemque armis et hostes 3
summa vi petebant et tuebantur cives, donec Insuber
eques—Ducario nomen erat—facie quoque noscitans
consulem 'En' inquit 'hic est,' popularibus suis 'qui
legiones nostras cecidit agrosque et urbem est depopu-
latus! Iam ego hanc victimam manibus peremptorum 4
foede civium dabo.' Subditisque calcaribus equo per
confertissimam hostium turbam impetum facit, obtrun-
catoque prius armigero, qui se infesto venienti obviam
obiecerat, consulem lancea transfixit; spoliare cupientem triarii (obiectis scutis) arcuere. Magnae partis 5
fuga inde primum coepit; et iam nec lacus nec montes
pavori obstabant: per omnia arta praeruptaque velut
caeci evadunt, armaque et viri super alios alii praecipi-
tantur. Pars magna, ubi locus fugae deest, per prima 6

---

8. motum terrae: "earthquake."
"And such the storm of battle on
　　this day
And such the frenzy, whose convul-
　　sion blinds
To all save carnage, that beneath
　　the fray
An earthquake reel'd unheededly
　　away."
　　Byron, *Childe Harold*, 4. 63.

VI. 3. insignem: gives the reason for the following statement.
4. hanc: for *hunc*, through the
influence of *victimam*. **armigero:** a
poetic word, here used of the body-
guard.
6. pars...progressi: cf. 21. 27. 9.
capitibus: ablative of degree of difference; "to keep the head and
shoulders above water."

vada paludis in aquam progressi, quoad capitibus umerisque extare possunt, sese inmergunt. | Fuere quos inconsultus pavor nando etiam capessere fugam inpu-
7 lerit, quae ubi immensa ac sine spe erat, aut deficientibus animis hauriebantur gurgitibus aut nequiquam fessi vada retro aegerrime repetebant atque ibi ab ingressis
8 aquam hostium equitibus passim trucidabantur. Sex milia ferme primi agminis per adversos hostis eruptione inpigre facta, ignari omnium, quae post se agerentur, e saltu evasere, et cum in tumulo quodam constitissent, clamorem modo ac sonum armorum audientes, quae fortuna pugnae esset, neque scire nec perspicere
9 prae caligine poterant. Inclinata denique re cum incalescente sole dispulsa nebula aperuisset diem, tum liquida iam luce montes campique perditas res stratam-
10 que ostendere foede Romanam aciem. Itaque, ne in conspectos procul inmitteretur eques, sublatis raptim signis quam citatissimo poterant agmine sese abripue-
11 runt. Postero die, cum super cetera extrema fames etiam instaret, fidem dante Maharbale, qui cum omnibus equestribus copiis nocte consecutus erat, si arma tradidissent, abire cum singulis vestimentis
12 passurum, sese dediderunt; quae Punica religione servata fides ab Hannibale est, atque in vincula omnes coniecti.

1   · VII. Haec est nobilis ad Trasumennum pugna atque inter paucas memorata populi Romani clades.
2 Quindecim milia Romanorum in acie caesa; decem milia sparsa fuga per omnem Etruriam diversis itineri-
3 bus urbem petiere; duo milia quingenti hostium in
5 acie, multi postea ex vulneribus periere. Hannibal

---

7. **immensa**: lit. "unmeasured, endless." The lake is seven or eight miles wide.

9. **inclinata re**: "now that the battle was already decided."

11. **tradidissent**: see 21. 12. 5.
12. **Punica religione**: cf. 21. 4. 9.
fides: "promise."
VII. 1. **memorata**: = *memorabilis.*

captivorum qui Latini nominis essent sine pretio dimissis, Romanis in vincula datis, segregata ex hostium
coacervatorum cumulis corpora suorum cum sepeliri
iussisset, Flamini quoque corpus funeris causa magna
cum cura inquisitum non invenit.

Romae ad primum nuntium cladis eius cum ingenti 6
terrore ac tumultu concursus in forum populi est factus.
Matronae vagae per vias, quae repens clades adlata, 7
quaeve fortuna exercitus esset, obvios percunctantur.
Et cum frequentis contionis modo turba in comitium
et curiam versa magistratus vocaret, tandem haud
multo ante solis occasum M. Pomponius praetor 'Pugna' 8
inquit 'magna victi sumus.' Et quamquam nihil certius ex eo auditum est, tamen alius ab alio impleti rumo-
ribus domos referunt consulem cum magna parte
copiarum caesum, superesse paucos aut fuga passim per 9
Etruriam sparsos aut captos ab hoste. Quot casus exer- 10
citus victi fuerant, tot in curas distracti animi eorum
erant, quorum propinqui sub C. Flaminio consule
meruerant, ignorantium, quae cuiusque suorum fortuna
esset; nec quisquam satis certum habet, quid aut speret
aut timeat. Postero ac deinceps aliquot diebus ad 11
portas maior prope mulierum quam virorum multitudo
stetit aut suorum aliquem aut nuntios de iis opperiens,
circumfundebanturque obviis sciscitantes neque avelli,
utique ab notis, priusquam ordine omnia inquisissent,

---

5. captivorum: sc. *iis*, the antecedent of *qui*. Latini nominis: see
21. 55. 4. inquisitum: translate by
a concessive clause, "although he
searched for the body of the consul."

6. Romae: the shifting of the
scene is indicated by the position.
concursus est factus: cf. 21. 12.
8.

7. contionis: depending upon
modo. A *contio* could regularly be
convened only by a higher magistrate comitium: in front of the
curia, or senate house, was the *comitium*, or smaller place of assembly,
where the magistrates usually ad-
dressed the people. The two formed
the legislative center of Rome.

10. meruerant: sc. *stipendia*,
"served."

11. deinceps: used adjectively
with *diebus*; "several successive
days." circumfundebantur: middle voice.

12 poterant. Inde varios vultus digredientium ab nuntiis
cerneres, ut cuique laeta aut tristia nuntiabantur, gratu-
lantisque aut consolantis redeuntibus domos circumfusos. Feminarum praecipue et gaudia insignia erant
13 et luctus. Unam in ipsa porta sospiti filio repente
oblatam in conplexu eius expirasse ferunt; alteram,
cui mors fili falso nuntiata erat, maestam sedentem
domi ad primum conspectum redeuntis fili gaudio
14 nimio exanimatam. Senatum praetores per dies aliquot
ab orto usque ad occidentem solem in curia retinent
consultantes, quonam duce aut quibus copiis resisti
victoribus Poenis posset.

5   VIII. Itaque ad remedium iam diu neque deside-
ratum nec adhibitum, dictatorem dicendum, civitas
confugit. Et quia et consul aberat, a quo uno dici
posse videbatur, nec per occupatam armis Punicis Ita-
6 liam facile erat aut nuntium aut litteras mitti, quod
numquam ante eam diem factum erat, dictatorem populus creavit Q. Fabium Maximum et magistrum equitum
7 M. Minucium Rufum; iisque negotium ab senatu datum,
ut muros turresque urbis firmarent et praesidia dis-
ponerent, quibus locis videretur, pontesque rescinderent
fluminum: (pro urbe ac penatibus dimicandum esse,
quando Italiam tueri nequissent).

1   XI. Ita rebus divinis peractis tum de bello deque

---

12. cerneres: see 21. 4. 3. **gra-
tulantis**: acc. plural; "others crowding around them with congratula-
tion or consolation." **gaudia**: the
Latin, especially in poetry, uses the
plural of abstract nouns both for
emphasis and to suggest a number
of individual instances.

14. orto: sc. *sole*.

VIII. **5-7**. XI-XII. Fabius made
Dictator.

VIII. **5. dictatorem dicendum**:
in apposition with *remedium*. There

had been no dictator *rei gerendae
causa* since 249 B.C.

6. quod . . . factum erat: refers
to the election of the dictator by the
people. Regularly one of the two
consuls named the dictator.

7. negotium: explained by the
following substantive clauses. **fluminum**: i.e. in the vicinity of Rome.

XI. **1. rebus divinis**: especially
the vow of the *ver sacrum*, or sacred
spring, described in the omitted sections.

re publica dictator rettulit, quibus quotve legionibus
victori hosti obviam eundum esse patres censerent.
Decretum, ut ab Cn. Servilio consule exercitum acci- 2
peret; scriberet praeterea ex civibus sociisque quantum
equitum ac peditum videretur; cetera omnia ageret
faceretque, ut e re publica duceret. Fabius duas 3
legiones se adiecturum ad Servilianum exercitum dixit.
Iis per magistrum equitum scriptis Tibur diem ad
conveniendum edixit; edictoque proposito, ut, quibus 4
oppida castellaque immunita essent, ut ii commigra-
rent in loca tuta, ex agris quoque demigrarent omnes
regionis eius, qua iturus Hannibal esset, tectis prius 5
incensis ac frugibus corruptis, ne cuius rei copia esset,
ipse via Flaminia profectus obviam consuli exercitui-
que cum ad Tiberim circa Ocriculum prospexisset
agmen consulemque cum equitibus ad se progredien-
tem, viatorem misit, qui consuli nuntiaret, ut sine 6
lictoribus ad dictatorem veniret. Extemplo consul 7
Ostiam proficisci iussus navibusque, quae ad urbem
Romanam aut Ostiae essent, completis milite ac navali-
bus sociis persequi hostium classem ac litora Italiae
tutari. Magna vis hominum conscripta Romae erat; 8
libertini etiam, quibus liberi essent et aetas militaris,
in verba iuraverant. Ex hoc urbano exercitu qui mi- 9
nores quinque et triginta annis erant in navis inpositi,
alii, ut urbi praesiderent, relicti.

XII. Dictator exercitu consulis accepto a Fulvio 1
Flacco legato per agrum Sabinum Tibur, quo diem ad

---

2. scriberet: "enroll"; parallel
in construction to *acciperet*.

3. e re publica: "in the interest
of the state." **Servilianum:** = *Ser-
vilii*. The Latin frequently uses an
adjective formed from a proper
name instead of a possessive genitive. **Tibur:** limit of motion with
conveniendum.

4. ut ii: the second *ut* is tautolog-
ical.

7. classem: the Carthaginian
fleet was off the coast of Etruria.

8. in verba: the consul first dictated the oath of allegiance to a
representative soldier, who in turn
dictated it to his comrades.

2 conveniendum edixerat novis militibus, venit. Inde
Praeneste ac transversis limitibus in viam Latinam
est egressus, unde itineribus summa cum cura exploratis ad hostem ducit, nullo loco, nisi quantum neces-
3 sitas cogeret, fortunae se commissurus. Quo primum
die haud procul Arpis in conspectu hostium posuit
castra, nulla mora facta, quin Poenus educeret in aciem
4 copiamque pugnandi faceret. Sed ubi quieta omnia
apud hostes nec castra ullo tumultu mota videt, increpans quidem, victos tandem Martios animos Romanis
debellatumque et concessum propalam de virtute ac
5 gloria esse, in castra rediit; ceterum tacita cura animum
incessit, quod cum duce haudquaquam Flamini Sem-
pronique simili futura sibi res esset ac tum demum
edocti malis Romani parem Hannibali ducem quae-
6 sissent. Et prudentiam quidem dictatoris extemplo
timuit; constantiam hauddum expertus agitare ac temp-
tare animum movendo crebro castra populandoque in
7 oculis eius agros sociorum coepit; et modo citato agmine ex conspectu abibat, modo repente in aliquo flexu
viae, si excipere degressum in aequum posset, occultus
8 subsistebat. Fabius per loca alta agmen ducebat modico ab hoste intervallo, ut neque omitteret eum neque
congrederetur. Castris, nisi quantum usus necessarii
cogerent, tenebatur miles; pabulum et ligna nec pauci
9 petebant nec passim; equitum levisque armaturae statio
conposita instructaque in subitos tumultus et suo militi
tuta omnia et infesta effusis hostium populatoribus

XII. **2. transversis limitibus:**
"cross-roads." The main roads all
led to Rome. **quantum:** "as far as."
commissurus: see Introduction
VIII. 4 (c).

3. nulla mora facta (est) quin
... **educeret:** =sine mora Poenus
eduxit.

4. increpans: contrasted with

tacita cura, § 5. **debellatumque:**
"the war was over."

7. si ... posset: depends upon
the idea of expectation in *subsistebat.*

8. cogerent: iterative subjunctive. See Introduction VIII. 4 (a).
nec pauci ... nec passim: "not
in small or scattered groups."

praebebat; neque universo periculo summa rerum com- 10
mittebatur et parva momenta levium certaminum ex
tuto coeptorum finitimoque receptu adsuefaciebant ter-
ritum pristinis cladibus militem minus iam tandem aut
virtutis aut fortunae paenitere suae. Sed non Hanni- 11
balem magis infestum tam sanis consiliis habebat quam
magistrum equitum, qui nihil aliud, quam quod impar
erat imperio, morae ad rem publicam praecipitandam
habebat. Ferox rapidusque consiliis ac lingua in-
modicus primo inter paucos, dein propalam in vulgus pro
cunctatore segnem, pro cauto timidum, adfingens vicina 12
virtutibus vitia, conpellabat premendoque superiorem,
quae pessima ars nimis prosperis multorum successi-
bus crevit, sese extollebat.

XIV. Ut vero, postquam ad Vulturnum flumen 1
castra sunt posita, exurebatur amoenissimus Italiae
ager villaeque passim incendiis fumabant, per iuga
Massici montis Fabio ducente, tum prope de integro
seditio accensa; quieverant enim per paucos dies, quia, 2
cum celerius solito ductum agmen esset, festinari ad
prohibendam populationibus Campaniam crediderant.
Ut vero in extrema iuga Massici montis ventum est, 3
et hostes sub oculis erant Falerni agri colonorumque
Sinuessae tecta urentes nec ulla erat mentio pugnae,
'Spectatum huc' inquit Minucius 'ut ad rem fruendam 4

---

10. **summa:** see 21. 1. 1. "The
success of the campaign was not
risked by (lit. entrusted to) a general
engagement." **virtutis:** with *paenitere*, the genitive of "that toward
which the feeling is directed."

11. **morae:** connect with *nihil
aliud*.

12. **pro:** "instead of." **cunctator:** the honorable title of Fabius.
Compare the verses of Ennius
quoted by Cicero, *Cato Maior* 4. 10.
"*Unus homo nobis cunctando restituit rem*," and the following

verses. **premendo:** "disparaging."

XIV-XV.   2.   Opposition   of
Minucius.

1. **Vulturnum flumen:** Hannibal
had crossed the mountains and by
an error of his guide, had been led
to Casilinum, near Capua on the
river Volturnus.

2. **solito:** see 2. 2.

4. **spectatum:** supine. **fruenda:**
cf. *potienda*, 21. 45. 9. **nullius:** genitive of *nemo;* object of emotion with
pudet. "Shame in the presence of.'

oculis, sociorum caedes et incendia, venimus? Nec, is
nullius alterius nos, ne civium quidem horum pudet,
quos Sinuessam colonos patres nostri miserunt, ut ab
5 Samnite hoste tuta haec ora esset, quam nunc non
vicinus Samnis urit, sed Poenus advena, ab extremis
orbis terrarum terminis nostra cunctatione et socordia
6 iam huc progressus? Tantum pro! degeneramus a patribus nostris, ut, praeter quam oram illi Punicas vagari
classes dedecus esse imperii sui duxerint, eam nunc
plenam hostium Numidarumque ac Maurorum iam fac-
7 tam videamus. Qui modo Saguntum oppugnari indignando non homines tantum sed foedera et deos ciebamus,
scandentem moenia Romanae coloniae Hannibalem
8 quieti spectamus. Fumus ex incendiis villarum agro-
rumque in oculos atque ora venit; strepunt aures
clamoribus plorantium sociorum, saepius nostram quam
deorum invocantium opem: nos hic pecorum modo per
aestivos saltus deviasque callis exercitum ducimus con-
9 diti nubibus silvisque. Si hoc modo peragrando cacumina saltusque M. Furius recipere a Gallis urbem
voluisset, quo hic novus Camillus, nobis dictator unicus
in rebus adfectis quaesitus, Italiam ab Hannibale recu-
10 perare parat, Gallorum Roma esset, quam vereor ne
sic cunctantibus nobis Hannibali ac Poenis totiens ser-
14 vaverint maiores nostri. Stultitia est sedendo aut votis
debellari credere posse: arma capias oportet et descen-
das in aequum et vir cum viro congrediaris; audendo
atque agendo res Romana crevit, non his segnibus
15 consiliis, quae timidi cauta vocant.' Haec velut contionanti Minucio circumfundebatur tribunorum equi-

---

6. **pro:** an interjection, "alas."
eam: sc. *oram*.

7. **indignando:** cf. *cedendo*, 21.
46. 9.

9. M. Furius Camillus recovered
Rome after its capture by the Gauls

in 390 B.C. **unicus:** ironical.

14. **capias:** subject of *oportet*,
not introduced by the formal *ut*.

15. **contionanti:** cf. *contionabundus*, 21. 53. 6. **suffragi:** predicate possessive genitive. "If the

tumque Romanorum multitudo, et ad aures quoque militum dicta ferocia evolvebantur: ac si militaris suffragi res esset, haud dubie ferebant Minucium Fabio ducem praelaturos.

XV. Fabius in suos haud minus quam in hostis 1 intentus prius ab illis invictum animum praestat. Quamquam probe scit non in castris modo suis sed iam etiam Romae infamem suam cunctationem esse, obstinatus tamen tenore eodem consiliorum aestatis reliquum extraxit, ut Hannibal destitutus ab spe summa ope petiti 2 certaminis iam hibernis locum circumspectaret, quia ea regio praesentis erat copiae, non perpetuae, arbusta vineaeque et consita omnia magis amoenis quam necessariis fructibus.

XXIV. Romanus exercitus in agro Larinati erat. 1 Praeerat Minucius magister equitum profecto ad urbem dictatore. Ceterum castra, quae in monte alto ac tuto 2 loco posita fuerant, iam in planum deferuntur, agitabanturque pro ingenio ducis consilia calidiora, ut impetus aut in frumentatores palatos aut in castra relicta cum levi praesidio fieret. Nec Hannibalem 3 fefellit cum duce mutatam esse belli rationem et ferocius quam consultius rem hostes gesturos. Ipse autem, 4 quod minime quis crederet, cum hostis propius esset, tertiam partem militum frumentatum duabus in castris

---

decision had rested with the votes of the soldiers." **si . . . esset**: a future condition from the past point of view. An unreal condition would require *si . . . fuisset, praelaturos fuisse*. **haud dubie ferebant**: "made it clear."

XV. 1. **infamem**: "in ill repute."

2. **ab spe**: the simple ablative of separation would be sufficient. **summa ope**: adverbial with *petiti*. **arbusta, vineae, omnia**: nominative in free apposition with *regio*.

XXIV-XXIV. Minucius Risks an Engagement. Rescued by Fabius.

1. **profecto . . . dictatore**: Fabius had been recalled to Rome *sacrorum causa* (18. 8).

2. **pro**: "consistent with." **ducis**: i.e. Minucius.

3. **ferocius quam consultius**: "with more daring than discretion." If a comparative precedes, a comparative regularly follows *quam*.

4. **crederet**: potential of the past. **frumentatum**: supine. **duabus**: sc. *partibus*.

5 retentis dimisit, dein castra ipsa propius hostem movit duo ferme a Gereonio milia in tumulum hosti conspectum, ut intentum se sciret esse ad frumentatores,
6 si qua vis fieret, tutandos. Propior inde ei atque ipsis imminens Romanorum castris tumulus apparuit; ad quem capiendum si luce palam iretur, quia haud dubie hostis breviore via praeventurus erat, nocte clam missi
7 Numidae ceperunt. Quos tenentis locum contempta paucitate Romani postero die cum deiecissent, ipsi eo
8 transferunt castra. Tum utique exiguum spatii vallum a vallo aberat, et id ipsum totum prope compleverat Romana acies. Simul et per aversa castra equitatus cum levi armatura emissus in frumentatores late caedem
9 fugamque hostium palatorum fecit. Nec acie certare Hannibal ausus, quia tanta paucitate vix castra, si
10 oppugnarentur, tutari poterat. Iamque artibus Fabii, sedendo et cunctando, bellum gerebat receperatque suos in priora castra, quae pro Gereoni moenibus erant.
11 Iusta quoque acie et collatis signis dimicatum quidam
14 auctores sunt. Sex milia hostium caesa, quinque admodum Romanorum; tamen in tam pari prope clade vanam famam egregiae victoriae cum vanioribus littcris magistri equitum Romam perlatam.

1   XXV. De his rebus persaepe et in senatu et in
2 contione actum est. Cum laeta civitate dictator unus nihil nec famae nec litteris crederet et, ut vera omnia essent, secunda se magis quam adversa timere diceret,
3 tum M. Metilius tribunus plebis id enim vero ferendum
4 esse negat: non praesentem solum dictatorem obstitisse rei bene gerendae, sed absentem etiam gestae obstare

---

6. **iretur**: a future condition from a past point of view.

8. **aversa castra**: "the rear of the camp."

10. **sedendo**: appositive to *artibus*.

11. **iusta**: "regular line of battle." Cf. 21. 53. 1.

14. **caesa . . . perlátam**: indirect report of the *quidam auctores*.

XXV. 2. **ut**: concessive.

4. **rei bene gerendae**: future in

ac sedulo tempus terere, quo diutius in magistratu sit
solusque et Romae et in exercitu imperium habeat.
Quippe consulum alterum in acie cecidisse, alterum 5
specie classis Punicae persequendae procul ab Italia
ablegatum; duos praetores Sicilia atque Sardinia occu- 6
patos, quarum neutra hoc tempore praetore egeat;
M. Minucium magistrum equitum, ne hostem videret,
ne quid rei bellicae gereret, prope in custodia habitum.
Itaque hercule non Samnium modo, quo iam tamquam 7
trans Hiberum agro Poenis concessum sit, sed Campanum Calenumque et Falernum agrum pervastatos
esse, sedente Casilini dictatore et legionibus populi
Romani agrum suum tutante. Exercitum cupientem 8
pugnare et magistrum equitum clausos prope intra
vallum retentos, tamquam hostibus captivis arma
adempta. Tandem, ut abscesserit inde dictator, ut 9
obsidione liberatos, extra vallum egressos fudisse ac
fugasse hostis. Quas ob res, si antiquus animus plebei 10
Romanae esset, audaciter se laturum fuisse de abrogando
Q. Fabi imperio; nunc modicam rogationem promul-
gaturum de aequando magistri equitum et dictatoris
iure. Nec tamen ne ita quidem prius mittendum ad 11
exercitum Q. Fabium, quam consulem in locum C.
Flamini suffecisset.

Dictator contionibus se abstinuit in actione minime 12
popularis. Ne in senatu quidem satis aequis auribus
audiebatur, cum hostem verbis extolleret biennique

---

contrast to *gestae*. He had opposed
the efforts to bring about an engagement; now he thwarts the recogni-
tion of the success that has been
obtained.

5. alterum . . . alterum: Flaminius, Servilius.

7. trans Hiberum: refers to pro-
vision of the treaty with Hamilcar,
21. 2. 7.

8. hostibus: dative of separation.

9. ut liberatos: "as if freed from
siege."

10. laturum fuisse: =*tulisset* of
direct discourse.

11. suffecisset: the technical expression for the election of a suc-
cessor to a deceased magistrate.

12. in actione: =*in agendo*, "in
speaking."

13 clades per temeritatem atque inscitiam ducum acceptas
referret et magistro equitum, quod contra dictum suum
14 pugnasset, rationem diceret reddendam esse. Si penes
se summa imperii consiliique sit, prope diem effecturum,
ut sciant homines bono imperatore haud magni for-
15 tunam momenti esse, mentem rationemque dominari,
et in tempore et sine ignominia servasse exercitum
quam multa milia hostium occidisse maiorem gloriam
16 esse. Huius generis orationibus frustra habitis et consule creato M. Atilio Regulo, ne praesens de iure
imperii dimicaret, pridie quam rogationis ferendae dies
17 adesset, nocte ad exercitum abiit. Luce orta cum
plebis concilium esset, magis tacita invidia dictatoris
favorque magistri equitum animos versabat, quam satis
audebant homines ad suadendum quod vulgo placebat
prodire, et favore superante auctoritas tamen rogationi
18 deerat. Unus inventus est suasor legis C. Terentius
Varro, qui priore anno praetor fuerat, loco non humili
19 solum sed etiam sordido ortus. Patrem lanium fuisse
ferunt, ipsum institorem mercis, filioque hoc ipso in
servilia eius artis ministeria usum.

5 XXVI. Omnes eam rogationem, quique Romae quique in exercitu erant, aequi atque iniqui, praeter ipsum
6 dictatorem in contumeliam eius latam acceperunt; ipse,
qua gravitate animi criminantis se ad multitudinem ini-
micos tulerat, eadem et populi in se saevientis iniuriam
7 tulit; acceptisque in ipso itinere litteris de aequato

---

13. **magistro**: dative of agent with *reddendam*.

15. **servasse**: subject of *esse*.

17. **superante**: supplies the place of a present participle of *superesse* and is opposed to *deerat*. **auctoritas**: "influence of men of prominence." The abstract for the concrete.

19. **institorem mercis**: i.e. he had peddled the meat himself (*ipsum =patrem*). **servilia**: all small trade was considered the work of slaves, bringing contempt upon free men thus employed.

XXVI. 5. **aequi, iniqui**: "friends, foes." **in contumeliam**: "as an insult."

6. **criminantis**: accusative plural.

imperio, satis fidens haudquaquam cum imperii iure
artem imperandi aequatam cum invicto a civibus hosti-
busque animo ad exercitum rediit.　XXVII. Minucius 1
vero cum iam ante vix tolerabilis fuisset rebus secundis
ac favore volgi, tum utique inmodice inmodesteque non 2
Hannibale magis victo ab se quam Q. Fabio gloriari.
Itaque quo die primum congressus est cum Q. Fabio, 5
statuendum omnium primum ait esse, quem ad modum
imperio aequato utantur: se optumum ducere, aut die- 6
bus alternis aut, si maiora intervalla placerent, partitis
temporibus alterius summum ius imperiumque esse, ut 7
par hosti non consilio solum sed viribus etiam esset, si
quam occasionem rei gerendae habuisset.　Q. Fabio 8
haudquaquam id placere: omnia fortunam eam habi-
tura, quamcumque temeritas collegae habuisset.　Sibi
communicatum cum illo, non ademptum imperium esse:
itaque se numquam volentem parte qua posset rerum 9
consilio gerendarum cessurum, nec se tempora aut dies
imperii cum eo, exercitum divisurum, suisque consiliis,
quoniam omnia non liceret, quae posset, servaturum.
Ita obtinuit, ut legiones, sicut consulibus mos esset, 10
inter se dividerent.　Prima et quarta Minucio, secunda
et tertia Fabio evenerunt.　Item equites pari numero 11
sociumque et Latini nominis auxilia diviserunt.　Castris quoque se separari magister equitum voluit.

　　XXVIII. Duplex inde Hannibali gaudium fuit— 1
neque enim quicquam eorum, quae apud hostes agerentur, eum fallebat et perfugis multa indicantibus et
per suos explorantem—: nam et liberam Minuci teme- 2

---

7. **cum iure:** sc. *aequato.*
XXVII. **2. Fabio:** sc. *victo.*
6. **ducere:** "considered."
8. **placere:** historical infinitive.
The infinitives that follow are due
to oratio obliqua.
9. **exercitum:** affirmative, op-

posed to preceding negative objects.
We should expect an adversative
conjunction before *exercitum.* **liceret:** sc. *servare.*
11. **evenerunt:** sc. *sorte.*
XXVIII. **1. agerentur:** iterative. **fallebat:** "escaped."

tibus 'Saepe ego' inquit 'audivi, milites, eum primum esse virum, qui ipse consulat, quid in rem sit, secundum eum, qui bene monenti oboediat; qui nec ipse consulere
9 nec alteri parere sciat, eum extremi ingenii esse. Nobis quoniam prima animi ingeniique negata sors est, secundam ac mediam teneamus et, dum imperare discimus,
10 parere prudenti in animum inducamus. Castra cum Fabio iungamus: ad praetorium eius signa cum tulerimus, ubi ego eum parentem appellavero, quod bene-
11 ficio eius erga nos ac maiestate eius dignum est, vos, milites, eos, quorum vos modo arma ac dexterae texerunt, patronos salutabitis, et, si nihil aliud, gratorum certe nobis animorum gloriam dies hic dederit.'

1 XXXVIII. Dilectu perfecto consules paucos morati dies, dum ab sociis ac nomine Latino venirent milites.

6 Contiones, priusquam ab urbe signa moverentur, consulis Varronis multae ac feroces fuere, denuntiantis bellum arcessitum in Italiam ab nobilibus mansurumque in visceribus rei publicae, si plures Fabios impera-
7 tores haberet, se, quo die hostem vidisset, perfecturum.
8 Collegae eius Pauli una, pridie quam ab urbe proficisceretur, contio fuit, verior quam gratior populo, qua nihil inclementer in Varronem dictum nisi id modo,
9 mirari se, qui dux, priusquam aut suum aut hostium exercitum, locorum situm, naturam regionis nosset,
10 iam nunc togatus in urbe sciret, quae sibi agenda

---

8. **in rem:** cf. 3. 2. **secundum:** adjective, not preposition as in 21. 40. 11. The *sententia* of Minucius goes back to Hesiod, *Works and Days*, 293-297.

9. **in animum inducamus:** "let us persuade ourselves."

11. **salutabitis**=*salutate*.

XXXVIII. XL-XLI. 3. Varro and Paulus take the Field.

1. The consuls for the year 216 were C. Terentius Varro, who had won the favor of the people by his opposition to the Fabian policy, and L. Aemilius Paulus, a conservative patrician.

6. **denuntiantis:** sc. *Varronis.* The verb has the meaning of "saying openly" rather than of "threatening."

8. **verior quam gratior:** see 24. 3.

9. **qui:** "how"; the old ablative of the interrogative pronoun.

10. **togatus:** "a civilian."

armato forent, et diem quoque praedicere posset, qua
cum hoste signis collatis esset dimicaturus: se, quae 11
consilia magis res dent hominibus quam homines rebus,
ea ante tempus inmatura non praecepturum; optare,
ut, quae caute ac consulte gesta essent, satis prospere
evenirent; temeritatem, praeterquam quod stulta sit, 12
infelicem etiam ad id locorum fuisse.

XL. Ab hoc sermone profectum Paulum tradunt 4
prosequentibus primoribus patrum; plebeium consulem
sua plebes prosecuta, turba conspectior, cum dignitates
deessent. Ut in castra venerunt, permixto novo exer- 5
citu ac vetere castris bifariam factis, ut nova minora
essent propius Hannibalem, in veteribus maior pars
et omne robur virium esset, consulum anni prioris 6
M. Atilium aetatem excusantem Romam miserunt,
Geminum Servilium in minoribus castris legioni Romanae et socium peditume quitumque duobus milibus
praeficiunt. Hannibal quamquam parte dimidia auctas 7
hostium copias cernebat, tamen adventu consulum mire
gaudere. Non solum enim nihil ex raptis in diem 8
commeatibus superabat, sed ne unde raperet quidem
quicquam reliqui erat omni undique frumento, postquam ager parum tutus erat, in urbes munitas convecto, 9
ut vix decem dierum, quod compertum postea est, frumentum superesset, Hispanorumque ob inopiam transitio parata fuerit, si maturitas temporum expectata
foret.

XLI. Ceterum temeritati consulis ac praepropero 1

---

12. **ad id locorum:** =*ad id temporis.*

XL. 4. **prosequentibus:** "es-
corting to the city gates." **dignitates:** abstract for the concrete;
"men of dignity."

6. M. Atilius Regulus was *consul
suffectus.* See 25. 16.

7. **gaudere:** historical infinitive.

8. **superabat:** =*supererat.* Cf. 25.
17.

9. **si . . . expectata foret:** an
ellipsis of the apodosis. "Desertion
had been planned and would have
been successful, if they had awaited
the ripe time."

XLI. 1. **consulis:** i.e. Varro.

ingenio materiam etiam fortuna dedit, quod in prohibendis praedatoribus tumultuario proelio ac procursu magis militum quam ex praeparato aut iussu imperatorum orto haudquaquam par Poenis dimicatio fuit.
2 Ad mille et septingenti caesi, non plus centum Romanorum sociorumque occisis.   Ceterum victoribus effuse sequentibus metu insidiarum obstitit Paulus consul,
3 cuius eo die — nam alternis imperitabant — imperium erat, Varrone indignante ac vociferante emissum hostem e manibus debellarique, ni cessatum foret, potuisse.

1   XLIII. Hannibal postquam motos magis inconsulte Romanos quam ad ultimum temere evectos vidit, ne-
2 quiquam detecta fraude in castra rediit.   Ibi plures dies propter inopiam frumenti manere nequit, novaque consilia in dies non apud milites solum mixtos ex conluvione omnium gentium sed etiam apud ducem ipsum oriebantur.
3 tur.   Nam cum initio fremitus, deinde aperta vociferatio fuisset exposcentium stipendium debitum querentiumque annonam primo, postremo famem, et mercennarios milites maxime Hispani generis de transitione cepisse
4 consilium fama esset, ipse etiam interdum Hannibal de fuga in Galliam dicitur agitasse, ita ut relicto peditatu
5 omni cum equitibus se proriperet.   Cum haec consilia atque hic habitus animorum esset in castris, movere inde statuit in calidiora atque eo maturiora messibus Apuliae loca, simul quod, quo longius ab hoste recessis-
6 set, transfugia inpeditiora levibus ingeniis essent.   Pro-

---

1. **tumultuario:** "irregular." **orto:** parallel with *tumultuario* agreeing with *proelio.*

2. **ad:** "about"; does not affect the case of the numeral.

3. **alternis:** sc. *diebus.*

XLIII-LI. 4. **Battle of Cannae.**

1. **nequiquam:** modifies *rediit.* **fraude:** the ruse of Hannibal to draw the Romans into ambush by apparent desertion of his camp was described in chapter 42.

2. **conluvione:** "a medley of all nations."

3. **annonam:** "the high price of food," opposed to *famem,* "absolute want."

5. **messibus:** ablative of respect. In Apulia the harvest begins in the latter part of April. **impeditiora:** supply an *eo,* correlative with *quo.*

fectus est nocte ignibus similiter factis tabernaculisque
paucis in speciem relictis, ut insidiarum par priori metus
contineret Romanos.　Sed per Lucanum Statilium omni- 7
bus ultra castra transque montis exploratis cum relatum
esset, visum procul hostium agmen, tum de insequendo
eo consilia agitari coepta.　Cum utriusque consulis ea- 8
dem, quae ante semper fuisset, sententia, ceterum Varroni fere omnes, Paulo nemo praeter Servilium prioris
anni consulem adsentiretur, ex maioris partis sententia 9
ad nobilitandas clade Romana Cannas urgente fato profecti sunt.　Prope eum vicum Hannibal castra posuerat 10
aversa a Volturno vento, qui campis torridis siccitate
nubes pulveris vehit.　Id cum ipsis castris percom- 11
modum fuit, tum salutare praecipue futurum erat, cum
aciem dirigerent, ipsi aversi, terga tantum adflante
vento, in occaecatum pulvere offuso hostem pugnaturi.

XLIV. Consules satis exploratis itineribus sequen- 1
tes Poenum, ut ventum ad Cannas est et in conspectu
Poenum habebant, bina castra communiunt sicut ante
copiis divisis.　Aufidus amnis utrisque castris adfluens 2
aditum aquatoribus ex sua cuiusque opportunitate haud
sine certamine dabat; ex minoribus tamen castris, quae 3
posita trans Aufidum erant, liberius aquabantur Romani,
quia ripa ulterior nullum habebat hostium praesidium.
Hannibal spem nanctus locis natis ad equestrem pugnam, 4
qua parte virium invictus erat, facturos copiam pugnandi
consules, derigit aciem lacessitque Numidarum procursa-

---

6. **priori:** sc. *metui*.

8. **omnes:** sc. *adsentirentur*.

9. **urgente fato:** a Vergilian
phrase.　Cf. *Aen.* 2. 653.

10. **Volturnus:** the Sirocco, a hot
wind blowing from the southeast.
For a discussion of the position of
the camps, see Dodge's *Hannibal*,
Chap. 27.

XLIV 1. bina: the distributive
numeral used instead of the cardinal
with a noun, the plural of which has
a singular meaning. The two Roman camps were on opposite sides
of the river.

3. **ex minoribus castris:** the
smaller Roman camp was on the
north side; the Carthaginian on the
south side of the river.

5 tione hostis. Inde rursus sollicitari seditione militari
ac discordia consulum Romana castra, cum Paulus
Semproniique et Flamini temeritatem Varroni, Varro
Paulo speciosum timidis ac segnibus ducibus exemplum
6 Fabium obiceret; testareturque deos hominesque hic,
nullam penes se culpam esse, quod Hannibal iam velut
usu cepisset Italiam: se constrictum a collega teneri;
ferrum atque arma iratis et pugnare cupientibus adimi
7 militibus; ille, si quid proiectis ac proditis ad incon-
sultam atque inprovidam pugnam legionibus accideret,
se omnis culpae exsortem, omnis eventus participem
fore diceret: videret, ut, quibus lingua prompta ac
temeraria, aeque in pugna vigerent manus.

1   XLV. Dum altercationibus magis quam consiliis
tempus teritur, Hannibal ex acie, quam ad multum
diei tenuerat instructam, cum in castra ceteras reciperet
2 copias, Numidas ad invadendos ex minoribus castris
3 Romanorum aquatores trans flumen mittit. Quam in-
conditam turbam cum vixdum in ripam egressi clamore
ac tumultu fugassent, in stationem quoque pro vallo
4 locatam atque in ipsas prope portas evecti sunt. Id vero
adeo indignum visum, ab tumultuario auxilio iam etiam
castra Romana terreri, ut ea modo una causa, ne extemplo transirent flumen derigerentque aciem, tenuerit
Romanos, quod summa imperii eo die penes Paulum
5 fuit. Itaque postero die Varro, cui sors eius diei imperii erat, nihil consulto collega signum proposuit instruc-
tasque copias flumen traduxit, sequente Paulo, quia
magis non probare quam non adiuvare consilium poterat.

---

6. hic: i.e. Varro. usu: a legal
expression. Prescription, or uninterrupted possession for two years,
gave a title in case of Italian
land.
    7. ille: i.e. Paulus. culpae: gen-
itive with *exsors*, "without share
in." videret: sc. Varro; represents

an imperative of direct discourse.
    XLV. 1. ad multum diei: "un-
til late in the day."
    4. una causa: i.e. *quod . . . fuit.*
    5. nihil: adverbial accusative
more emphatic than *non*. non probare . . . adiuvare: "withhold ap-
proval rather than assistance."

Transgressi flumen eas quoque, quas in castris minoribus 6
habuerant, copias suis adiungunt atque ita instruunt
aciem: in dextro cornu — id erat flumini propius — Romanos equites locant, deinde pedites; laevum cornu ex- 7
tremi equites sociorum, intra pedites, ad medium iuncti
legionibus Romanis, tenuerunt; iaculatores cum ceteris
levium armorum auxiliis prima acies facta. Consules 8
cornua tenuere, Terentius laevum, Aemilius dextrum;
Gemino Servilio media pugna tuenda data.

XLVI. Hannibal luce prima Baliaribus levique alia 1
armatura praemissa transgressus flumen, ut quosque
traduxerat, ita in acie locabat, Gallos Hispanosque 2
equites prope ripam laevo in cornu adversus Romanum
equitatum; dextrum cornu Numidis equitibus datum, 3
media acie peditibus firmata, ita ut Afrorum utraque
cornua essent, interponerentur his medii Galli atque
Hispani. Afros Romanam crederes aciem: ita armati 4
erant armis et ad Trebiam, ceterum magna ex parte ad
Trasumennum captis. Numerus omnium peditum, qui 6
tum stetere in acie, milium fuit quadraginta, decem
equitum. Duces cornibus praeerant sinistro Hasdrubal, 7
dextro Maharbal; mediam aciem Hannibal ipse cum
fratre Magone tenuit. Sol, seu de industria ita locatis 8
seu quod forte ita stetere, peropportune utrique parti
obliquus erat, Romanis in meridiem, Poenis in septem-
trionem versis; ventus — Volturnum regionis incolae vo- 9
cant — adversus Romanis coortus multo pulvere in ipsa
ora volvendo prospectum ademit.

XLVII. Clamore sublato procursum ab auxiliis et 1

---

6. **flumini:** notice the different construction of *propius periculum* 21. 1. 2.

7. **facta:** agrees with the predicate *acies* rather than the subject *iaculatores*.

8. **media pugna tuenda:** "the defense of the middle of the line."

XLVI. 4. **crederes:** cf. *cerneres*, 7. 12.

7. **sinistro...dextro:** agree with *cornibus*.

8. **de industria:** contrasted with *forte*. **locatis:** sc. *exercitibus*.

pugna levibus primum armis commissa; deinde equitum
Gallorum Hispanorumque laevum cornu cum dextro
2 Romano concurrit, minime equestris more pugnae; frontibus enim adversis concurrendum erat, quia nullo circa
ad evagandum relicto spatio hinc amnis, hinc peditum
3 acies claudebant. In derectum utrimque nitentes stan-
tibus ac confertis postremo turba equis vir virum
amplexus detrahebat equo. Pedestre magna iam ex
parte certamen factum erat; acrius tamen quam diutius
pugnatum est, pulsique Romani equites terga vertunt.
4 Sub equestris finem certaminis coorta est peditum
pugna, primo et viribus et animis par, dum consta-
5 bant ordines Gallis Hispanisque; tandem Romani, diu
ac saepe conisi, obliqua fronte acieque densa inpulere
hostium cuneum nimis tenuem eoque parum validum,
6 a cetera prominentem acie. Impulsis deinde ac trepide
referentibus pedem institere, ac tenore uno per praeceps pavore fugientium agmen in mediam primum aciem
inlati postremo nullo resistente ad subsidia Afrorum
7 pervenerunt, qui utrimque reductis alis constiterant,
media, qua Galli Hispanique steterant, aliquantum pro-
8 minente acie. Qui cuneus ut pulsus aequavit frontem
primum, dein cedendo etiam sinum in medio dedit, Afri
circa iam cornua fecerant, irruentibusque incaute in
medium Romanis circumdedere alas, mox cornua ex-
9 tendendo clausere et ab tergo hostis. Hinc Romani
defuncti nequiquam proelio uno, omissis Gallis Hispanisque, quorum terga ceciderant, adversus Afros integram

---

XLVII. **1. levibus armis:** =*levi
armatura*, treated as instrument
rather than as agent.

2. frontibus adversis: "front to
front"; on account of the limited
space, there was no opportunity for
the usual maneuvers (*ad evagandum*),
so that Livy rightly says "*minime
equestris more pugnae.*"

3. acrius quam diutius: see 24. 3.

5. obliqua fronte: "a crescent-
shaped line."

6. impulsis: sc. *hostibus*, dative
with *institere*. **tenore uno:** "without interruption." **nullo:** see 3. 7.

8. aequavit frontem: i.e. "made
an even front." **sinum dedit:**
"curved inwards."

pugnam ineunt, non tantum eo iniquam, quod inclusi 10
adversus circumfusos, sed etiam quod fessi cum recentibus ac vegetis pugnabant.

XLVIII. Iam et sinistro cornu Romano, ubi socio- 1
rum equites adversus Numidas steterant, consertum
proelium erat, segne primo et a Punica coeptum fraude.
Quingenti ferme Numidae, praeter solita arma telaque 2
gladios occultos sub loricis habentes, specie transfuga-
rum cum ab suis parmas post terga habentes adequi-
tassent, repente ex equis desiliunt, parmisque et iaculis 3
ante pedes hostium proiectis in mediam aciem accepti
ductique ad ultimos considere ab tergo iubentur. Ac
dum proelium ab omni parte conseritur, quieti manserunt; postquam omnium animos oculosque occupaverat 4
certamen, tum arreptis scutis, quae passim inter acervos
caesorum corporum strata erant, aversam adoriuntur
Romanam aciem, tergaque ferientes ac poplites caedentes stragem ingentem ac maiorem aliquanto pavorem
ac tumultum fecerunt. Cum alibi terror ac fuga, alibi 5
pertinax in mala iam spe proelium esset, Hasdrubal,
qui ea parte praeerat, subductos ex media acie Numidas,
quia segnis eorum cum adversis pugna erat, ad persequendos passim fugientis mittit, Hispanos et Gallos 6
equites Afris prope iam fessis caede magis quam pugna
adiungit.

XLIX. Parte altera pugnae Paulus, quamquam 1
primo statim proelio funda graviter ictus fuerat, tamen 2
et occurrit saepe cum confertis Hannibali et aliquot
locis proelium restituit, protegentibus eum equitibus
Romanis, omissis postremo equis, quia consulem ad

XLVIII. 1. sinistro cornu: see
Introduction VIII. 3 (d).

2. parmas: a smaller shield than
the scutum.

4. caedentes: "cutting."

5. ea parte: see Introduction
VIII. 3 (d). Praeesse is here used

absolutely. Hannibal must have
changed his position from the left
to the right wing during the battle.

XLIX. 1. parte altera: Livy's
language is vague; he probably
means the center.

3 regendum equum vires deficiebant. Tum nuntianti cui-
dam, iussisse consulem ad pedes descendere equites,
dixisse Hannibalem ferunt 'Quam mallem, vinctos mihi
4 traderet'. Equitum pedestre proelium, quale iam haud
dubia hostium victoria, fuit, cum victi mori in vestigio
mallent quam fugere, victores morantibus victoriam
5 irati trucidarent, quos pellere non poterant. Pepule-
runt tamen iam paucos superantis et labore ac vulneribus fessos. Inde dissipati omnes sunt, equosque ad
6 fugam qui poterant repetebant. Cn. Lentulus tribunus
militum cum praetervehens equo sedentem in saxo
7 cruore oppletum consulem vidisset, 'L. Aemili,' inquit
'quem unum insontem culpae cladis hodiernae dei respicere debent, cape hunc equum, dum et tibi virium
aliquid superest et comes ego te tollere possum ac pro-
8 tegere. Ne funestam hanc pugnam morte consulis
feceris; etiam sine hoc lacrimarum satis luctusque est.'
9 Ad ea consul: 'Tu quidem, Cn. Corneli, macte virtute
esto; sed cave frustra miserando exiguum tempus e
10 manibus hostium evadendi absumas. Abi, nuntia publice patribus, urbem Romanam muniant ac, priusquam
victor hostis advenit, praesidiis firment; privatim Q.
Fabio, L. Aemilium praeceptorum eius memorem et
11 vixisse adhuc et mori. Me in hac strage militum
meorum patere expirare, ne aut reus iterum e consulatu sim aut accusator collegae existam, ut alieno cri-

---

3. mallem: the softened statement *mallem*, with a substantive
volitive clause attached, equivalent
to a subjunctive of wish. Here naturally ironical.   tive.]
4. quale: sc. *fit.* **victoria:** abla-
5. superantis: see 25. 17.
7. culpae: with *insontem;* compare the construction with *exsors,*
44. 7.
9. macte: probably an old voca-
tive form. "Increase in virtue."

The phrase has a religious origin.
cave absumas: =*cave ne absumas.*
Since by association *cave* assumes a
negative force, the *ne* is frequently
omitted.
10. muniant: Cf. *adsitis,* 21. 21. 6.
11. patere: imperative. **iterum:**
together with his colleague in the
consulship of 219 B.C. he had been
accused of certain irregularities in
connection with the war against
Demetrius of Pharos.

mine innocentiam meam protegam.' Haec eos agentis 12
prius turba fugientium civium, deinde hostes oppressere;
consulem ignorantes, quis esset, obruere telis, Lentulum
inter tumultum abripuit equus. Tum undique effuse
fugiunt. Septem milia hominum in minora castra, 13
decem in maiora, duo ferme in vicum ipsum Cannas
perfugerunt, qui extemplo a Carthalone atque equitibus
nullo munimento tegente vicum circumventi sunt. Con- 14
sul alter, seu forte seu consilio nulli fugientium insertus
agmini, cum quinquaginta fere equitibus Venusiam
perfugit. Quadraginta quinque milia quingenti pedites, 15
duo milia septingenti equites et tantadem prope civium
sociorumque pars caesi dicuntur; in his ambo consulum
quaestores, L. Atilius et L. Furius Bibaculus, et unde- 16
triginta tribuni militum, consulares quidam praetorii-
que et aedilicii — inter eos Cn. Servilium Geminum et
M. Minucium numerant, qui magister equitum priore
anno, aliquot annis ante consul fuerat — octoginta 17
praeterea aut senatores aut qui eos magistratus ges-
sissent, unde in senatum legi deberent, cum sua voluntate milites in legionibus facti essent. Capta eo 18
proelio tria milia peditum et equites mille et quingenti
dicuntur.

L. Haec est pugna Cannensis, Aliensi cladi nobili- 1
tate par, ceterum uti eis, quae post pugnam accidere, 2
levior, quia ab hoste est cessatum, sic strage exercitus
gravior foediorque. Fuga namque ad Aliam sicut urbem 3
prodidit, ita exercitum servavit; ad Cannas fugientem

---

12. **consulem:** object of *igno-rantes* by prolepsis, instead of sub-ject of *quis esset.* **obruere:** perfect indicative.

14. **Venusiam:** a Roman colony, 28 miles S. W. of Cannae, the birth-place of Horace.

16. **praetorii:** "ex-praetors." **aedilicii:** "ex-aediles."

17. **unde:** refers to *magistratus.* The senate since the *lex Ovinia* had become a bureaucracy composed of those who had held curule offices.

L. 1. **Aliensi:** the battle on the Alia, in which the Romans were de-feated by the Gauls July 18, 390 B.C. **uti:**=*ut,* correlated with *sic.* Trans-late "although … yet."

consulem vix quinquaginta secuti sunt, alterius morientis prope totus exercitus fuit.

1　　LI. Hannibali victori cum ceteri circumfusi gratularentur suaderentque, ut tanto perfunctus bello diei quod reliquum esset noctisque insequentis quietem et
2 ipse sibi sumeret et fessis daret militibus, Maharbal, praefectus equitum, minime cessandum ratus 'Immo ut, quid hac pugna sit actum, scias, die quinto' inquit 'victor in Capitolio epulaberis. Sequere; cum equite, ut prius venisse quam venturum sciant, praecedam.'
3 Hannibali nimis laeta res est visa maiorque, quam ut eam statim capere animo posset. Itaque voluntatem se laudare Maharbalis ait; ad consilium pensandum tem-
4 poris opus esse. Tum Maharbal: 'Non omnia nimirum eidem di dedere: vincere scis, Hannibal, victoria uti nescis.' Mora eius diei satis creditur saluti fuisse urbi atque imperio.

7　　LIV. Romam ne has quidem reliquias superesse civium sociorumque, sed occidione occisum cum ducibus
8 exercitum deletasque omnes copias allatum fuerat. Numquam salva urbe tantum pavoris tumultusque intra moenia Romana fuit. Itaque succumbam oneri neque adgrediar narrare, quae edissertando minora vero faciam.
9 Consule exercituque ad Trasumennum priore anno amisso, non vulnus super vulnus, sed multiplex clades, cum

---

3. **alterius:** possessive genitive. "Almost the entire army shared the fate of the dying consul." "They were his in death."

LI. 3. **nimis laeta:** as we say, "too good to be true." **temporis:** instead of *tempore.* Livy uses the same construction in one other passage (23. 21. 5). Possibly it is an imitation of the Greek.

4. **eidem:** dative. *"Non omnia possumus omnes"* is the thought. Hannibal was wise in refusing to follow Maharbal's advice. See

Dodge's *Hannibal,* Chap. 28.

LIV. 7.-LV. Report of the Disaster reaches Rome.

7. **has reliquias:** four thousand Romans had escaped to Canusium and about the same number were with the surviving consul at Venusia (Chap. 52-54). **occidione occisum:** emphasis is gained by the *figura etymologica.* Compare "destroy them with double destruction," Jeremiah.

8. **vero:** used substantively; ablative after the comparative *minora.*

duobus consulibus duo consulares exercitus amissi nuntiabantur, nec ulla iam castra Romana nec ducem nec
militem esse; Hannibalis Apuliam, Samnium ac iam 10
prope totam Italiam factam. Nulla profecto alia gens
tanta mole cladis non obruta esset. Compares cladem 11
ad Aegatis insulas Carthaginiensium proelio navali acceptam, qua fracti Sicilia ac Sardinia cessere et vectigalis
ac stipendiarios fieri se passi sunt, aut pugnam adversam
in Africa, cui postea hic ipse Hannibal succubuit: nulla
ex parte conparandae sunt, nisi quod minore animo latae
sunt.

LV. P. Furius Philus et M. Pomponius praetores 1
senatum in curiam Hostiliam vocaverunt, ut de urbis
custodia consulerent; neque enim dubitabant deletis 2
exercitibus hostem ad oppugnandam Romam, quod unum
opus belli restaret, venturum. Cum in malis sicuti 3
ingentibus ita ignotis ne consilium quidem satis expedirent, obstreperetque clamor lamentantium mulierum,
et nondum palam facto vivi mortuique per omnes
paene domos promiscue conplorarentur, tum Q. Fabius 4
Maximus censuit equites expeditos et Appia et Latina
via mittendos, qui obvios percunctando — aliquos profecto ex fuga passim dissipatos fore — referant, quae
fortuna consulum atque exercituum sit et, si quid dii 5
immortales, miseriti imperii, reliquum Romani nominis
fecerint, ubi eae copiae sint; quo se Hannibal post
proelium contulerit, quid paret, quid agat acturusque

---

9. **castra . . . esse:** sc. *nunti-abatur.* Livy changes from the per-sonal to the impersonal construction.

11. **compares:** potential of the indefinite second person. **ad Aega-tis:** the naval victory of the Romans in 241 B.C., which brought the first Carthaginian war to a close. **pugnam in Africa:** the battle of Zama 202 B.C.

⌐LV. 2. **hostem . . . venturum:** Livy uses the infinitive as well as the *quin* clause after *non dubito.*

3. **palam facto:** ablative absolute without a substantive; "since there was as yet no announcement in public."

5. **reliquum . . . fecerint:** = *reliquerint.*

6 sit. Haec exploranda noscendaque per inpigros iuvenes esse; illud per patres ipsos agendum, quoniam magistratuum parum sit, ut tumultum ac trepidationem in urbe tollant: matronas publico arceant continerique 7 intra suum quamque limen cogant, conploratus familiarum coerceant, silentium per urbem faciant, nuntios rerum omnium ad praetores deducendos curent — suae 8 quisque fortunae domi auctorem expectent — custodesque praeterea ad portas ponant, qui prohibeant quemquam egredi urbe, cogantque homines nullam nisi urbe ac moenibus salvis salutem sperare. Ubi conticuerit tumultus, tum in curiam patres revocandos consulendumque de urbis custodia esse.

---

6. illud: explained by the following *ut* clause.

TITI LIVI

AB URBE CONDITA

LIBER XXIII

I. Hannibal post Cannensem pugnam confestim ex 1
Apulia in Samnium moverat, accitus in Hirpinos a Statio
Trebio, pollicente se Compsam traditurum. Ibi praeda 4
omni atque impedimentis relictis, exercitu partito Magonem regionis eius urbes aut deficientis ab Romanis
accipere aut detractantis cogere ad defectionem iubet,
ipse per agrum Campanum mare inferum petit, oppug- 5
naturus Neapolim, ut urbem maritimam haberet. Ab 10
urbe oppugnanda Poenum absterruere conspecta moenia
haudquaquam prompta oppugnanti.

II. Inde Capuam flectit iter luxuriantem longa 1
felicitate atque indulgentia fortunae, maxime tamen inter
corrupta omnia licentia plebis sine modo libertatem
exercentis.

VII. Legati ad Hannibalem venerunt pacemque 1
cum eo condicionibus his fecerunt, ne quis imperator
magistratusve Poenorum ius ullum in civem Campanum
haberet, neve civis Campanus invitus militaret munusve
faceret; ut suae leges, sui magistratus Capuae essent; 2

I-II. 1. VII. 1-3. Capua Deserts
to Hannibal.

4. ibi: i.e. *in Compsa*. **detractantis:** sc. *deficere*.

10. conspecta moenia: see Introduction VIII. 7. **prompta oppugnanti:** "easy to attack." *oppugnanti:*
indefinite singular.

II. **1. inter omnia corrupta:**
"in the general corruption." **licentia:** ablative of cause.

VII. **1. in:** "in respect to." **mu-
nus:** refers to taxes and personal
service.

2. suae: =*propriae*.

ut trecentos ex Romanis captivis Poenus daret Campanis, quos ipsi elegissent, cum quibus equitum Campanorum, qui in Sicilia stipendia facerent, permutatio
3 fieret.   Haec pacta; illa insuper, quam quae pacta erant,
facinora Campani ediderunt: nam praefectos socium
civisque Romanos alios, partim aliquo militiae munere
occupatos partim privatis negotiis inplicitos, plebs repente omnis conprehensos velut custodiae causa bal-
neis includi iussit, ubi fervore atque aestu anima interclusa foedum in modum expirarunt.

7   XI. Dum haec in Italia geruntur, nuntius victoriae
ad Cannas Carthaginem venerat Mago Hamilcaris filius,
non ex ipsa acie a fratre missus, sed retentus aliquot dies
in recipiendis civitatibus Bruttiorum, quaeque aliae
8 deficiebant.   Is, cum ei senatus datus esset, res gestas
in Italia a fratre exponit: cum sex imperatoribus eum,
quorum quattuor consules, duo dictator ac magister equitum fuerint, cum sex consularibus exercitibus acie
9 conflixisse; occidisse supra ducenta milia hostium, supra
quinquaginta cepisse, bina castra expugnasse; ex quattuor consulibus duos occidisse, ex duobus saucium
alterum, alterum toto amisso exercitu vix cum quinqua-
10 ginta hominibus effugisse; magistrum equitum, quae
consularis potestas sit, fusum fugatum; dictatorem, quia
se in aciem numquam commiserit, unicum haberi im-
11 peratorem; Bruttios Apulosque, partem Samnitium ac
Lucanorum defecisse ad Poenos; Capuam, quod caput
non Campaniae modo sed post adflictam rem Romanam
12 Cannensi pugna Italiae sit, Hannibali se tradidisse.   Pro

---

3. insuper quam: "beyond." partim ... partim: "some ... others."
interclusa anima: "suffocated."
XI. 7.-XIII. The Report of Cannae
   brought to Carthage. Debate
   in the Carthaginian Senate.
7. quaeque: =et quae (civitates).

8. senatus datus: see 21. 12. 8.
10. quae: attracted to the gender
of potestas. The clause is added in
view of the special circumstances of
Minucius's command. See 22. 25.
10.
11. Italiae: sc. caput.

his tantis totque victoriis verum esse grates deis immortalibus agi haberique. XII. Ad fidem deinde tam lae- 1
tarum rerum effundi in vestibulo curiae iussit anulos
aureos, qui tantus acervus fuit, ut metientibus supra tris
modios explesse sint quidam auctores; fama tenuit, quae 2
propior vero est, haud plus fuisse modio. Adiecit deinde
verbis, quo maioris cladis indicium esset, neminem nisi
equites, atque eorum ipsorum primores, id gerere insigne. Summa fuit orationis, quo propius spem belli 3
perficiendi sit, eo magis omni ope iuvandum Hannibalem
esse; procul enim ab domo militiam esse, in media hostium terra; magnam vim frumenti, pecuniae absumi, 4
et tot acies ut hostium exercitus delesse ita victoris
etiam copias parte aliqua minuisse: mittendum igitur 5
supplementum esse, mittendam in stipendium pecuniam
frumentumque tam bene meritis de nomine Punico
militibus.

Secundum haec dicta Magonis laetis omnibus 6
Himilco, vir factionis Barcinae, locum Hannonis incre-
pandi esse ratus, 'Quid est, Hanno?' inquit 'etiam
nunc paenitet belli suscepti adversus Romanos? Iube
dedi Hannibalem; veta in tam prosperis rebus grates 7
deis immortalibus agi; audiamus Romanum senatorem
in Carthaginiensium curia.' Tum Hanno: 'Tacuissem 8
hodie, patres conscripti, ne quid in communi omnium

---

12. verum esse: =*aequum esse.*
grates: =*gratias.* **agi haberique:**
the first refers to the expression,
the second to the feeling of gratitude.

XII. 1. ad fidem: "in proof."
sint quidam auctores: =*quidam
tradant.*

3. propius: cf. 21. 1. 2.

4. acies: =*proelia.*

6. factionis Barcinae: the war-
party, taking its name from Barca,
the cognomen of Hamilcar. **locum:**
'opportunity." **Hanno:** the leader

of the peace-party. He consistently
opposed the war and had even sug-
gested the surrender of Hannibal, in
order to placate the Romans (21. 10).
In this speech of Hanno, Livy, with
great skill, not only pays a high
tribute to Roman steadfastness of
character, but also suggests the secret of their success in this war.
paenitet: sc. *te.*

7. Romanum senatorem: refers
ironically to Hanno.

8. patres conscripti: see note
on *provincia,* 21. 5. 1.

9 gaudio, minus laetum quod esset vobis, loquerer; nunc
interroganti senatori, paeniteatne adhuc suscepti adversus
Romanos belli, si reticeam, aut superbus aut obnoxius
videar, quorum alterum est hominis alienae libertatis
10 obliti, alterum suae. Respondeo' inquit 'Himilconi, non
desisse paenitere me belli neque desiturum ante invictum vestrum imperatorem incusare, quam finitum aliqua tolerabili condicione bellum videro; nec mihi pacis
antiquae desiderium ulla alia res quam pax nova finiet.
11 Itaque ista, quae modo Mago iactavit, Himilconi ceteris-
que Hannibalis satellitibus iam laeta sint: mihi possunt laeta esse, quia res bello bene gestae, si volumus
12 fortuna uti, pacem nobis aequiorem dabunt; nam si
praetermittimus hoc tempus, quo magis dare quam
accipere possumus videri pacem, vereor, ne haec quo-
13 que laetitia luxuriet nobis ac vana evadat. Quae tamen
nunc quoque qualis est? "Occidi exercitus hostium —
mittite milites mihi." Quid aliud rogares, si esses
14 victus? "Hostium cepi bina castra, praedae videlicet
plena et commeatuum, — frumentum et pecuniam date."
15 Quid aliud, si spoliatus, si exutus castris esses, peteres?
Et ne omnia ipse mirer, — mihi quoque enim, quoniam
respondi Himilconi, interrogare ius fasque est — velim
seu Himilco seu Mago respondeat, cum ad internecionem
Romani imperii pugnatum ad Cannas sit constetque
16 in defectione totam Italiam esse, primum, ecquis Latini
nominis populus defecerit ad nos, deinde, ecquis homo
ex quinque et triginta tribubus ad Hannibalem trans-
17 fugerit?' Cum utrumque Mago negasset, 'Hostium quidem ergo' inquit 'adhuc nimis multum superest. Sed

---

9. alterum ... alterum: refer to
the thought of the two adjectives,
superbus and *obnoxius* ("subservi-
ent").

10. desisse: syncopated form of
desivisse. invictum: clearly ironical.

11. sint: volitive with concessive force.

12. luxuriet: "run riot."

13. occidi ... mihi: the words
of Hannibal in an imagined *altercatio;* the reply of Hanno follows.

multitudo ea quid animorum quidve spei habeat, scire
velim.' XIII. Cum id nescire Mago diceret, 'Nihil facil- 1
ius scitu est' inquit. 'Ecquos legatos ad Hannibalem
Romani miserunt de pace? Ecquam denique mentionem
pacis Romae factam esse adlatum ad vos est?' Cum 2
id quoque negasset, 'Bellum igitur' inquit 'tam integrum
habemus, quam habuimus, qua die Hannibal in Italiam
est transgressus. Quam varia victoria priore Punico 3
bello fuerit, plerique, qui meminerimus, supersumus.
Numquam terra marique magis prosperae res nostrae
visae sunt, quam ante consules C. Lutatium et A. Pos-
tumium fuerunt: Lutatio et Postumio consulibus devicti 4
ad Aegatis insulas sumus. Quod si, id quod di omen
avertant, nunc quoque fortuna aliquid variaverit,
tum pacem speratis, cum vincemur, quam nunc, cum
vincimus, dat nemo? Ego, si quis de pace consulet seu 5
ferenda hostibus seu accipienda, habeo, quid sententiae
dicam; si de iis, quae Mago postulat, refertis, nec victoribus mitti attinere puto et frustrantibus nos falsa atque
inani spe multo minus censeo mittenda esse.' Haud 6
multos movit Hannonis oratio; nam et simultas cum
familia Barcina leviorem auctorem faciebat, et occu-
pati animi praesenti laetitia nihil, quo vanius fieret
gaudium suum, auribus admittebant, debellatumque
mox fore, si adniti paulum voluissent, rebantur. Itaque 7
ingenti consensu fit senatus consultum, ut Hannibali
quattuor milia Numidarum in supplementum mitterentur
et quadraginta elephanti et argenti talenta dictatorque 8

XIII. 1. scitu: ablative supine
with *facilius*. ecquos: *ecquis* is
usually found in indirect ques-
tions.
2. qua die: =*ea die qua*. Cf.
ex quo die, 21. 5. 1.
3. C. Lutatius and A. Postumius
were the consuls of 241 B.C. See note
to 22. 54. 11.

4. variaverit: "shall waver."
Euphemism for defeat.
6. fieret: a potential descriptive
clause.
7. talenta: the numeral has dis-
appeared in the manuscripts. dictator: the title frequently given to
the Carthaginian generals. See
note to 12. 8.

cum Magone in Hispaniam praemissus est ad conducenda viginti milia peditum, quattuor equitum, quibus
exercitus, qui in Italia quique in Hispania erant, sup-
plerentur.

1 XXXIII. In hanc dimicationem duorum opulentissimorum in terris populorum omnes reges gentesque
2 animos intenderant, inter quos Philippus, Macedonum
rex, eo magis, quod propior Italiae ac mari tantum
3 Ionio discretus erat. Is ubi primum fama accepit
Hannibalem Alpis transgressum, ut bello inter Romanum Poenumque orto laetatus erat, ita, utrius populi
mallet victoriam esse, incertis adhuc viribus fluctuatus
4 animo fuerat. Postquam tertia iam pugna victoria cum
Poenis erat, ad fortunam inclinavit legatosque ad Hannibalem misit; qui vitantes portus Brundisinum Taren-
tinumque, quia custodiis navium Romanarum teneban-
tur, ad Laciniae Iunonis templum in terram egressi sunt.
5 Inde per Apuliam petentes Capuam media in praesidia
Romana inlati sunt deductique ad Valerium Laevinum
6 praetorem circa Luceriam castra habentem. Ibi intre-
pide Xenophanes legationis princeps a Philippo rege se
missum ait ad amicitiam societatemque iungendam cum
populo Romano; mandata habere ad consules ac sena-
7 tum populumque Romanum. Praetor inter defectiones
veterum sociorum nova societate tam clari regis laetus
8 admodum hostes pro hospitibus comiter accepit; dat,
qui prosequantur; itinera cum cura demonstrat et quae
loca quosque saltus aut Romanus aut hostes teneant.
9 Xenophanes per praesidia Romana in Campaniam, inde,
qua proximum fuit, in castra Hannibalis pervenit foe-

XXXIII-XXXIV. 9. Hannibal's
Alliance with King Philip.
2. tantum: "only."
3. ut . . . ita: "although . . .
yet." viribus: i.e. of the Romans
and Carthaginians.
4. ad fortunam: abstract for
the concrete; "to the fortunate people." "He turned with the tide of
fortune." Brundisinum: sc. portum. Brundisium was the usual
place of landing for those coming
to Rome from Greece and the
East.

dusque cum eo atque amicitiam iungit legibus his, ut
Philippus rex quam maxima classe — ducentas autem 10
naves videbatur effecturus —· in Italiam traiceret et vas-
taret maritimam oram, bellum pro parte sua terra
marique‾gereret; ubi debellatum esset, Italia omnis cum 11
ipsa urbe Roma Carthaginiensium atque Hannibalis esset,
praedaque omnis Hannibali cederet; perdomita Italia 12
navigarent in Graeciam bellumque cum quibus regi
placeret gererent; quae civitates continentis quaeque
insulae ad Macedoniam vergunt, eae Philippi regnique
eius essent.

XXXIV. In has ferme leges inter Poenum ducem 1
legatosque Macedonum ictum foedus; missique cum iis 2
ad regis ipsius firmandam fidem legati, Gisgo et Bostar
et Mago.   Eodem ad Iunonis Laciniae, ubi navis occulta
in statione erat, perveniunt.   Inde profecti cum altum 3
tenerent, conspecti a classe Romana sunt, quae praesidio erat Calabriae litoribus; Valeriusque Flaccus cer- 4
curos ad persequendam retrahendamque navem cum
misisset, primo fugere regii conati; deinde, ubi celeritate
vinci senserunt, tradunt se Romanis et ad praefectum
classis adducti sunt.   Is cum quaereret, qui et unde et 5
quo tenderent cursum, Xenophanes primo satis iam semel
felix mendacium struere, a Philippo se ad Romanos
missum ad M. Valerium, ad quem unum iter tutum
fuerit, pervenisse, Campaniam superare nequisse saeptam hostium praesidiis.   Deinde ut Punicus cultus habi- 6

---

12. navigarent: sc. *Carthaginienses*. placeret: sc. *gerere*.
   XXXIV. 2. Iunonis Laciniae:
sc. *templum*. The temple was situated
on the promontory of Lacinium near
Croton.
   4. cercuros: =κέρκουρος. A light
"cutter." regii: the ambassadors of
King Philip.
   5. felix: "a lie which once had
proved lucky."

6. cultus: "clothing." habitus:
"features." The captives were taken
to Rome, where the Macedonian le-
gates were thrown into chains and
the Carthaginians sold as slaves.
The next year, however, another
embassy was sent by Philip to Hannibal and a second treaty was
made on the same terms as the first.
(Livy, 23. 38-39).

tusque suspectos legatos fecit Hannibalis interrogatosque
7 sermo prodidit, tum comitibus eorum seductis ac metu
territis litterae quoque ab Hannibale ad Philippum
inventae et pacta inter regem Macedonum Poenumque
8 ducem. Quibus satis cognitis optimum visum est captivos comitesque eorum Romam ad senatum aut ad con-
9 sules, ubicumque essent, quam primum deportare. Ad
id celerrimae quinque naves delectae ac L. Valerius
Antias, qui praeesset, missus, eique mandatum, ut in
omnis navis legatos separatim custodiendos divideret
daretque operam, ne quod iis conloquium inter se neve
quae communicatio consilii esset.

TITI LIVI

AB URBE CONDITA

LIBER XXV

VII. Cum Tarentinorum defectio iam diu et in 10
spe Hannibali et in suspicione Romanis esset, causa
forte extrinsecus maturandae eius intervenit. Phileas 11
Tarentinus diu iam per speciem legationis Romae cum
esset, vir inquieti animi et minime otium, quo tum diutino
senescere videbatur, patientis, aditum sibi ad obsides
Tarentinos et Thurinos invenit. Custodiebantur in atrio 12
Libertatis minore cura, quia nec ipsis nec civitatibus
eorum fallere Romanos expediebat. Hos crebris con- 13
loquiis sollicitatos corruptis aedituis duobus cum primis
tenebris custodia eduxisset, ipse comes occulti itineris
factus profugit. Luce prima volgata per urbem fuga
est, missique qui sequerentur ab Tarracina comprensos
omnis retraxerunt. Deducti in comitium virgisque ad-
probante populo caesi de saxo deiciuntur. **VIII.** Huius 1
atrocitas poenae duarum nobilissimarum in Italia
Graecarum civitatium animos inritavit cum publice tum
etiam singulos privatim, ut quisque tam foede interemp- 2
tos aut propinquitate aut amicitia contingebat. Ex 3
iis tredecim fere nobiles iuvenes Tarentini coniura-
verunt, quorum principes Nico et Philemenus erant.

VII. 10-XI. Capture of Tarentum.

10. in spe, in suspicione: translate by verbs. "Hannibal had hoped
for and the Romans had suspect-
ed."

11. patientis: refers to *animi*.

13. de saxo: sc. *Tarpeio*.

VIII. **1. civitatium:** the usual
form of the genitive plural in Livy.

2. contingebat: "connected with
them by ties of kindred or friendship."

4 Hi priusquam aliquid moverent, conloquendum cum
Hannibale rati, nocte per speciem venandi urbe egressi
5 ad eum proficiscuntur. Et cum haud procul castris ab-
essent, ceteri silva prope viam sese occuluerunt, Nico
et Philemenus progressi ad stationes comprehensique,
6 ultro id petentes, ad Hannibalem deducti sunt. Qui
cum et causas consilii sui et, quid pararent, exposuis-
sent, conlaudati oneratique promissis iubentur, ut fidem
popularibus facerent praedandi causa se urbe egressos,
pecora Carthaginiensium, quae pastum propulsa essent,
7 ad urbem agere: tuto ac sine certamine id facturos
promissum est. Conspecta ea praeda iuvenum est, mi-
nusque iterum ac saepius id eos audere miraculo fuit.
8 Congressi cum Hannibale rursus fide sanxerunt liberos
Tarentinos leges suas suaque omnia habituros neque
ullum vectigal Poeno pensuros praesidiumve invitos
9 recepturos; haec ubi convenerunt, tunc vero Philemenus
consuetudinem nocte egrediundi redeundique in urbem
frequentiorem facere. Et erat venandi studio insignis,
10 canesque et alius apparatus sequebatur; captumque
ferme aliquid aut ab hoste ex praeparato adlatum re-
portans donabat aut praefecto aut custodibus portarum.
Nocte maxime commeare propter metum hostium crede-
11 bant. Ubi iam eo consuetudinis adducta res est, ut,
quocumque noctis tempore sibilo dedisset signum, porta
aperiretur, tempus agendae rei Hannibali visum est.
12 Tridui viam aberat; ubi, quo minus mirum esset uno
eodemque loco stativa eum tam diu habere, aegrum
13 simulabat. Romanis quoque, qui in praesidio Tarenti
erant, suspecta esse iam segnis mora eius desierat.

---

4. **per speciem venandi**: "osten-
sibly to hunt."

6. **pastum**: supine.

7. **minus**: connect with *miraculo
fuit*.

9. **facere**: historical infinitive.

10. **ex praeparato**: "by arrangement." See ¡Introduction VIII. 6.

11. **consuetudinis**: depending
upon *eo*. "It had become such a
habit with him."

12. **aegrum**: sc. *se esse.*

IX. Ceterum postquam Tarentum ire constituit, decem 1
milibus peditum atque equitum, quos in expeditionem
velocitate corporum ac levitate armorum aptissimos esse
ratus est, electis quarta vigilia noctis signa movit praemissisque octoginta fere Numidis equitibus praecepit,
ut discurrerent circa vias perlustrarentque omnia oculis, 2
ne quis agrestium procul spectator agminis falleret;
praegressos retraherent, obvios occiderent, ut praedonum 3
magis quam exercitus accolis species esset. Ipse raptim
agmine acto quindecim ferme milium spatio castra ab
Tarento posuit et ne ibi quidem denuntiato, quo perge- 4
rent, tantum convocatos milites monuit, via omnes irent
nec deverti quemquam aut excedere ordinem agminis
paterentur et in primis intenti ad imperia accipienda
essent neu quid nisi ducum iussu facerent; se in tempore editurum, quae vellet agi. Eadem ferme hora 5
Tarentum fama praevenerat Numidas equites paucos populari agros terroremque late agrestibus iniecisse.
Ad quem nuntium nihil ultra motus praefectus Romanus, 6
quam ut partem equitum postero die luce prima iuberet
exire ad arcendum populationibus hostem; in cetera adeo 7
nihil ab eo intenta cura est, ut contra pro argumento
fuerit illa procursatio Numidarum Hannibalem exer-
citumque e castris non movisse. Hannibal concubia 8
nocte movit. Dux Philemenus erat cum solito captae
venationis onere; ceteri proditores ea, quae composita
erant, expectabant. Convenerat autem, ut Philemenus 9
portula adsueta venationem inferens armatos induceret,
parte alia portam Temenitida adiret Hannibal. Ea 10
mediterranea regio est orientem spectans, busta ali-

IX. **2. spectator falleret:** "se-
cretly look upon them"; a Greek
construction analogous to the use
of the participle with λανθάνω (Good-
win, Greek Grammar, 1586).

4. denuntiato: ablative absolute,
the substantive being represented

by the clause *quo pergerent*. For the
meaning of *denuntiare* see 22. 38. 6.

7. movisse: explains *argumento*.

8. concubia nocte: =*concubium*,
the early part of the night.

10. busta: tombs were usually
found outside of city walls.

quantum intra moenia includunt. Cum portae adpropinquaret, editus ex composito ignis ab Hannibale est
refulsitque idem redditum ab Nicone signum; extinctae
11 deinde utrimque flammae sunt. Hannibal silentio ducebat ab portam. Nico ex improviso adortus sopitos vigiles
12 in cubilibus suis obtruncat portamque aperit. Hannibal
cum peditum agmine ingreditur, equites subsistere iubet,
ut, quo res postulet, occurrere libero campo possint.
13 Et Philemenus portulae parte alia, qua commeare ad-
suerat, adpropinquabat. Nota vox eius et familiare iam
signum cum excitasset vigilem, dicente vix sustineri
14 grandis bestiae onus, portula aperitur. Inferentes aprum
duos iuvenes secutus ipse cum expedito venatore vigilem incautius miraculo magnitudinis in eos, qui fere-
15 bant, versum venabulo traicit. Ingressi deinde triginta
fere armati ceteros vigiles obtruncant refringuntque
portam proximam, et agmen sub signis confestim in-
rupit. Inde cum silentio in forum ducti Hannibali sese
16 coniunxerunt. Tum duo milia Gallorum Poenus in tres
divisa partis per urbem dimittit. Itinera quam maxume
17 frequentia occupari iubet, tumultu orto Romanos passim
caedi, oppidaris parci. Sed ut fieri id posset, praecipit
iuvenibus Tarentinis, ut, ubi quem suorum procul vidissent, quiescere ac silere ac bono animo esse iube-
1 rent. X. Iam tumultus erat clamorque, qualis esse in
capta urbe solet; sed, quid rei esset, nemo satis pro
2 certo scire. Tarentini Romanos ad diripiendam urbem
credere coortos; Romanis seditio aliqua cum fraude
3 videri ab oppidanis mota. Praefectus primo excitatus
tumultu in portum effugit; inde acceptus scapha in
4 arcem circumvehitur. Errorem et tuba audita ex theatro
faciebat, nam et Romana erat, a proditoribus ad hoc

---

13. dicente: sc. *Philemeno.*

X. 1. scire: historical infinitive,
as also *credere* and *videri* (2).

ipsum praeparata, et inscienter a Graeco inflata, quis
aut quibus signum daret, incertum efficiebat. Ubi in- 5
luxit, et Romanis Punica et Gallica arma cognita dubi-
tationem exemerunt et Graeci Romanos passim caede
stratos cernentes ab Hannibale captam urbem senserunt. Postquam lux certior erat et Romani, qui 6
caedibus superfuerant, in arcem confugerant conticisce-
batque paulatim tumultus, tum Hannibal Tarentinos
sine armis convocare iubet. Convenere omnes, prae- 7
terquam qui cedentis in arcem Romanos ad omnem
adeundam simul fortunam persecuti fuerant. Ibi Han- 8
nibal benigne adlocutus Tarentinos testatusque, quae
praestisset civibus eorum, quos ad Trasumennum aut
ad Cannas cepisset, simul in dominationem superbam 9
Romanorum invectus, recipere se in domos suas quemque iussit et foribus nomen suum inscribere: se domos
eas, quae inscriptae non essent, signo extemplo dato
diripi iussurum. Si quis in hospitio civis Romani —
vacuas autem tenebant domos — nomen inscripsisset,
eum se pro hoste habiturum. Contione dimissa cum 10
titulis notatae fores discrimen pacatae ab hostili domo
fecissent, signo dato ad diripienda hospitia Romana
passim discursum est. Et fuit praedae aliquantum.

XI. Postero die ad oppugnandam arcem ducit; 1
quam cum et a mari, quo in paeneinsulae modum pars
maior circumluitur, praealtis rupibus et ab ipsa urbe
muro et fossa ingenti saeptam videret eoque nec vi nec
operibus expugnabilem esse, ne aut se ipsum cura 2
tuendi Tarentinos a maioribus rebus moraretur, aut in

---

4. **Graeco**: = *Tarentino*. Tarentum was a Greek colony. **inflata**
(*tuba*): the subject of *efficiebat*.

6. **convocare**: the subject-accu-
sative is omitted. Translate as a
passive.

9. **vacuas**: the houses of the Ro-

mans were probably in a separate
part of the city.

10. **pacatae**: sc. *domus*.

XI. 1. **a mari**: "on the side of
the sea"; contrasted with *ab urbe*.
paeneinsulae: the spelling *paenin-
sula* also is found.

19 esset. Iumenta inde et homines contracti, et opus
inpigre coeptum; paucosque post dies classis instructa
ac parata circumvehitur arcem et ante os ipsum
20 portus ancoras iacit. Hunc statum rerum Hannibal
Tarenti relinquit regressus ipse in hiberna.

---

19. os portus: =*claustra portus,* § 15.

TITI LIVI

AB URBE CONDITA

LIBER XXVI

I. Cn. Fulvius Centimalus P. Sulpicius Galba con- 1
sules cum idibus Martiis magistratum inissent, senatu
in Capitolium vocato de re publica, de administratione
belli, de provinciis exercitibusque patres consuluerunt.
Q. Fulvio Ap. Claudio, prioris anni consulibus, pro- 2
rogatum imperium est atque exercitus, quos habebant,
decreti adiectumque, ne a Capua, quam obsidebant,
abscederent prius quam expugnassent. Ea tum cura 3
maxime intentos habebat Romanos, non ab ira tantum,
quae in nullam umquam civitatem iustior fuit, quam
quod urbs tam nobilis ac potens, sicut defectione sua 4
traxerat aliquot populos, ita recepta inclinatura rursus
animos videbatur ad veteris imperii respectum.

IV. Inter haec vis omnis belli versa in Capuam 1
erat; obsidebatur tamen acrius quam oppugnabatur;
nec aut famem tolerare servitia ac plebs poterant aut
mittere nuntios ad Hannibalem per custodias tam artas.
Inventus est Numida, qui acceptis litteris evasurum 2
se professus praestaret promissum. Per media Romana
castra nocte egressus spem accendit Campanis, dum
aliquid virium superesset, ab omni parte eruptionem

I. 1-4. IV. 1-3. V-VI. 7. The
   Romans besiege Capua.
   I. 1. consules: of the year 211
B.C.
   3. ab ira: =propter iram. Parallel to the *quod* clause; see Introduction VIII. 8.
   4. recepta: =a future condition.
   IV. 1. servitia: =servi.

3 temptandi. Ceterum in multis certaminibus equestria proelia ferme prospera faciebant, pedite superabantur. Sed nequaquam tam laetum vincere quam triste vinci ulla parte erat ab obsesso et prope expugnato hoste.

1 V. Cum in hoc statu ad Capuam res essent, Hannibalem diversum Tarentinae arcis potiundae Capuaeque

2 retinendae trahebant curae. Vicit tamen respectus Capuae, in quam omnium sociorum hostiumque conversos videbat animos, documento futurae, qualemcumque

3 eventum defectio ab Romanis habuisset. Igitur magna parte impedimentorum relicta in Bruttiis et omni graviore armatu cum delectis peditum equitumque quam poterat aptissimus ad maturandum iter in Campaniam contendit. Secuti tamen tam raptim euntem tres et

4 triginta elephanti. In valle occulta post Tifata montem imminentem Capuae consedit. Adveniens cum castellum Galatiam praesidio vi pulso cepisset, in cir-

5 cumsedentis Capuam se vertit, praemissisque nuntiis Capuam, quo tempore castra Romana adgressurus esset, ut eodem et illi ad eruptionem parati portis omnibus

6 sese effunderent, ingentem praebuit terrorem. Nam alia parte ipse adortus est, alia Campani omnes, equites peditesque, et cum iis Punicum praesidium, cui Bostar

7 et Hanno praeerant, erupit. Romani ut in re trepida, ne ad unam concurrendo partem aliquid indefensi re-

8 linquerent, ita inter sese copias partiti sunt; Ap. Claudius Campanis, Fulvius Hannibali est oppositus; C. Nero propraetor cum equitibus sex legionum via, quae Sues-

---

3. faciebant: sc. *Campani.* pedite: treated as instrument rather than agent. Or it may be construed as ablative of specification.

V. 1. diversum trahebant: "were distracting." arcis potiundae: see 21. 45. 9.

2. documento: the dative of purpose. The following indirect question is in apposition.

3. armatu: =*armatura.*

4. circumsedentis: sc. *Romanos.*

7. indefensi: partitive genitive with *aliquid.*

8. Suessulam: southeast from Capua. sociali: =*sociorum.* Compare the phrase "Social War." e regione: "in the direction of."

sulam fert, C. Fulvius Flaccus legatus cum sociali
equitatu constitit e regione Volturni amnis. Proelium 9
non solito modo clamore ac tumultu est coeptum, sed
ad alium virorum, equorum armorumque sonum dispo-
sita in muris Campanorum inbellis multitudo tantum
cum aeris crepitu, qualis in defectu lunae silenti nocte
cieri solet, edidit clamorem, ut averteret etiam pugnantium animos. Campanos facile a vallo Appius arcebat; 10
maior vis ab altera parte Fulvium Hannibal et Poeni 11
urgebant. Legio ibi sexta loco cessit, qua pulsa cohors
Hispanorum cum tribus elephantis usque ad vallum
pervasit, ruperatque mediam aciem Romanorum et in
ancipiti spe ac periculo erat, utrum in castra perrum-
peret an intercluderetur a suis. Quem pavorem le- 12
gionis periculumque castrorum Fulvius ubi vidit,
Q. Navium primoresque alios centurionum hortatur,
ut cohortem hostium sub vallo pugnantem invadant:
in summo discrimine rem verti; aut viam dandam iis 13
esse, et minore conatu, quam condensam aciem rupissent,
in castra inrupturos, aut conficiendos sub vallo esse.
Nec magni certaminis rem fore: paucos esse et ab suis 14
interclusos, et quae, dum paveat Romanus, interrupta
acies videatur, eam, si se utrimque in hostem vertat,
ancipiti pugna medios circumventuram. Navius ubi 15
haec imperatoris dicta accepit, secundi hastati signum
ademptum signifero in hostis infert, iacturum in medios
eos minitans, ni se propere sequantur milites et partem capessant pugnae. Ingens corpus erat, et arma 16
honestabant, et sublatum alte signum converterat ad

---

9. ad: "in addition to." **defectu:**
"eclipse." The noise was supposed
to give encouragement to Luna in
her struggles with the powers of
darkness. **silenti nocte:** =*silentio
noctis.*

12. verti: oratio obliqua.

13. quam … rupissent: an el-
liptical expression; "with less effort
than that with which they had
broken through."

14. eam: sc. *aciem.*

15. secundi hastati: the *has-
tatus* of the second maniple.

17 spectaculum cives hostesque. Ceterum postquam iam ad signa pervenerat Hispanorum, tum undique in eum tragulae coniectae et prope tota in unum acies versa; sed neque multitudo hostium neque telorum vis arcere 1 impetum eius viri potuerunt. VI. Et M. Atilius legatus primi principis ex eadem legione signum inferre in cohortem Hispanorum coepit; et qui castris praeerant L. Porcius Licinus et T. Popilius legati pro vallo acriter propugnant elephantosque transgredientes in 2 ipso vallo conficiunt. Quorum corporibus cum oppleta fossa esset, velut aggere aut ponte iniecto transitum hostibus dedit. Ibi super stragem iacentium elephan- 3 torum atrox edita caedes. Altera in parte castrorum iam impulsi erant Campani Punicumque praesidium et sub ipsa porta Capuae, quae Vulturnum fert, pugna- 4 batur; neque tam armati inrumpentibus Romanis resistebant, quam porta ballistis scorpionibusque instructa 5 missilibus procul hostis arcebat. Et suppressit impetum Romanorum vulnus imperatoris Ap. Claudi, cui suos ante prima signa adhortanti sub laevo umero summum pectus gaeso ictum est. Magna vis tamen hostium ante portam est caesa, ceteri trepidi in urbem con- 6 pulsi. Et Hannibal, postquam cohortis Hispanorum stragem vidit summaque vi castra hostium defendi, omissa oppugnatione recipere signa et convertere agmen peditum obiecto ab tergo equitatu, ne hostis instaret, 7 coepit. Legionum ardor ingens ad hostem insequendum fuit; Flaccus receptui cani iussit, satis ad utrumque profectum ratus, ut et Campani, quam haud multum in Hannibale praesidii esset, et ipse Hannibal sentiret.

VI. **1. primi principis:** the leader of the first maniple.

3. Vulturnum: without a preposition, because a fort on the river Volturnus is meant (25. 20. 2).

5. gaeso: a missile employed particularly by the Gauls.

7. profectum (esse): from proficio: "sufficient advantage had been gained." **quam haud multum:** "how little."

VII. Ceterum Hannibal ut nec hostis elici amplius 1
ad pugnam vidit neque per castra eorum perrumpi ad
Capuam posse, ne suos quoque commeatus interclu- 2
derent novi consules, abscedere inrito incepto et movere
a Capua statuit castra. Multa secum, quonam inde 3
ire pergeret, volventi subiit animum impetus caput
ipsum belli Romam petendi, cuius rei semper cupitae
praetermissam occasionem post Cannensem pugnam et
alii vulgo fremebant et ipse non dissimulabat: necopi- 4
nato pavore ac tumultu non esse desperandum aliquam
partem urbis occupari posse; et, si Roma in discri- 5
mine esset, Capuam extemplo omissuros aut ambo
imperatores Romanos aut alterum ex iis, et, si divi-
sissent copias, utrumque infirmiorem factum aut sibi
aut Campanis bene gerendae rei fortunam daturos esse.
Una ea cura angebat, ne, ubi abscessisset, extemplo 6
dederentur Campani. Numidam promptum ad omnia
audenda agendaque donis perlicit, ut litteris acceptis
specie transfugae castra Romana ingressus altera parte
clam Capuam pervadat. Litterae autem erant adhorta- 7
tione plenae: profectionem suam, quae salutaris illis
foret, abstracturam ad defendendam Romam ab oppugnanda Capua duces atque exercitus Romanos. Ne
desponderent animos; tolerando paucos dies totam so- 8
luturos obsidionem. Inde navis in flumine Vulturno 9
comprehensas subigi ad id, quod iam ante praesidii causa
fecerat, castellum iussit, quarum ubi tantam copiam 10
esse, ut una nocte traici posset exercitus, allatum est,
cibariis decem dierum praeparatis deductas nocte ad
fluvium legiones ante lucem traiecit.

VIII. Id priusquam fieret, ita futurum conpertum 1

VII–XI. **6.** Hannibal Marches to
  the Walls of Rome.
  VII. **1. perrumpi:** impersonal.
  3. volventi: sc. *ei* (*Hannibali*).
  impetus: "a sudden thought," op-

posed to *consilium*.
  5. alterum: sc. *omissurum*.
  6. specie transfugae: "pretending to be a deserter."
  VIII. **1. futurum** (**esse**): the

ex transfugis Fulvius Flaccus senatui Romam cum scripsisset, varie animi hominum pro cuiusque ingenio

2 adfecti sunt. Ut in re tam trepida senatu extemplo vocato P. Cornelius, cui Asinae cognomen erat, omnes duces exercitusque ex tota Italia neque Capuae neque ullius alterius rei memor ad urbis praesidium revo-

3 cabat; Fabius Maximus abscedi a Capua terrerique et circumagi ad nutus comminationesque Hannibalis flagi-

4 tiosum ducebat: qui ad Cannas victor ire tamen ad urbem ausus non esset, eum a Capua repulsum spem

5 potiundae urbis Romae cepisse! Non ad Romam ob-sidendam, sed ad Capuae liberandam obsidionem ire. Romam cum eo exercitu, qui ad urbem esset, Iovem foederum ruptorum ab Hannibale testem deosque alios

6 defensuros esse. Has diversas sententias media sen-tentia P. Valerii Flacci vicit, qui utriusque rei memor imperatoribus, qui ad Capuam essent, scribendum cen-suit, quid ad urbem praesidii esset; quantas autem Hannibal copias duceret aut quanto exercitu ad Ca-

7 puam obsidendam opus esset, ipsos scire. Si ita Romam e ducibus alter et exercitus pars mitti posset, ut ab reliquo et duce et exercitu Capua recte obsideretur,

8 inter se compararent Claudius Fulviusque, utri obsi-denda Capua, utri ad prohibendam obsidione patriam

9 Romam veniundum esset. Hoc senatus consulto Ca-puam perlato Q. Fulvius proconsul, cui, collega ex vul-nere aegro, digrediundum Romam erat, e tribus exer-citibus milite electo, ad quindecim milia peditum, mille

10 equites Vulturnum traducit. Inde cum Hannibalem

---

subject of *compertum* (*esse*). pro: "in accordance with."

2. revocabat: conative; i.e. it was his opinion that they should be recalled.

3. abscedi: impersonal. **terreri, circumagi:** personal. These infini-

tives form the subject of *flagitio-sum* (*esse*). **ducebat:** "consid-ered."

5. potiundae urbis: see 5. 1.

6. exercitu: ablative with *opus esset*.

8. utri: dative of the agent.

Latina via iturum satis comperisset, ipse per Appiae municipia quaeque propter eam viam sunt, Setiam, Coram, Lavinium praemisit, ut commeatus paratos et in 11 urbibus haberent et ex agris deviis in viam proferrent praesidiaque in urbes contraherent, ut sua cuique res publica in manu esset.

IX. Hannibal quo die Vulturnum est transgressus, 1 haud procul a flumine castra posuit; postero die praeter 2 Cales in agrum Sidicinum pervenit. Ibi diem unum populando moratus per Suessanum Allifanumque et Casinatem agrum via Latina ducit. Sub Casino biduo stativa habita et passim populationes factae. Inde prae- 3 ter Interamnam Aquinumque in Fregellanum agrum ad Lirim fluvium ventum, ubi intercisum pontem a Fregellanis morandi itineris causa invenit. Et Fulvium 4 Vulturnus tenuerat amnis navibus ab Hannibale incensis rates ad traiciendum exercitum in magna inopia materiae aegre comparantem. Traiecto ratibus exercitu 5 reliquum Fulvio expeditum iter non per urbes modo sed circa viam expositis benigne commeatibus erat, alacresque milites alius alium, ut adderet gradum memor ad defendendam iri patriam, hortabantur. Romam 6 Fregellanus nuntius diem noctemque itinere continuato ingentem attulit terrorem; tumultuosius, quam quod allatum erat, concursus hominum adfingentium vana auditis totam urbem concitat. Ploratus mulierum non 7 ex privatis solum domibus exaudiebatur, sed undique matronae in publicum effusae circa deum delubra dis-

---

10. Appiae: sc. *viae.* "The *municipia* situated along the Appian Way." **quaeque:** =*et quae (municipia).* **Setiam, Coram:** these two towns were Roman colonies, not *municipia.*

11. in manu: "under control." This is a common meaning of *manus* in legal language.

IX. 1. quo die: cf. 21. 5. 1.

2. biduo: see Introduction VIII. 3(*c*).

4. in inopia: explains *aegre.*

5. adderet gradum: "hasten."

6. Fregellanus: "from Fregellae." **quod allatum erat:** "the report." **auditis:** dative after *adfingentium.*

currunt, crinibus passis aras verrentes, nixae genibus,
8 supinas manus ad caelum ac deos tendentes orantesque,
ut urbem Romanam e manibus hostium eriperent
matresque Romanas et liberos parvos inviolatos ser-
9 varent. Senatus magistratibus in foro praesto est, si
quid consulere velint. Alii accipiunt imperia discedunt-
que ad suas quisque officiorum partes, alii offerunt
se, si quo usus operae sit. Praesidia in arce, in Capitolio, in muris, circa urbem, in monte etiam Albano
10 atque arce Aefulana ponuntur. Inter hunc tumultum
Q. Fulvium proconsulem profectum cum exercitu Capua
11 adfertur. Hannibal infestius perpopulato agro Fre-
gellano propter intercisos pontis, per Frusinatem
Ferentinatemque et Anagninum agrum in Labicanum
12 venit. Inde Algido Tusculum petiit, nec receptus moenibus infra Tusculum dextrorsus Gabios descendit. Inde
in Pupiniam exercitu demisso octo milia passuum ab
13 Roma posuit castra. Quo propius hostis accedebat, eo
maior caedes fiebat fugientium praecedentibus Numidis,
pluresque omnium generum atque aetatium capiebantur.
1　　　X. In hoc tumultu Fulvius Flaccus porta Capena
cum exercitu Romam ingressus media urbe per Carinas
Esquilias contendit; inde egressus inter Esquilinam
Collinamque portam posuit castra. Aediles plebis com-
2 meatum eo conportarunt. Consules senatusque in castra
venerunt. Ibi de summa re publica consultatam. Placuit consules circa portas Collinam Esquilinamque
ponere castra, C. Calpurnium praetorem urbanum Capitolio atque arci praeesse et senatum frequentem in foro
contineri, si quid in tam subitis rebus consulto opus

---

9. quo: adverbial. operae: a
rare use of the genitive, instead of
the ablative, with *usus est.*

12. Algido: ablative of the "route
by which." dextrorsus: =*dextro-
vorsus;* "to the right." generum:

"classes." aetatium: for the form
compare *civitatium,* 25. 8. 1.

X. 1. Carinas: the northwestern
height of the *Mons Esquilinus.*

2. consulto: for construction,
see *facto,* 21. 27. 3.

esset. | Inter haec Hannibal ad Anienem fluvium tria
milia passuum ab urbe castra admovit. Ibi stativis 3
positis ipse cum duobus milibus equitum ad portam
Collinam usque ad Herculis templum est progressus
atque, unde proxime poterat, moenia situmque urbis
obequitans contemplabatur. | Id eum tam licenter atque
otiose facere Flacco indignum visum est; itaque immisit 4
equites summoverique atque in castra redigi hostium
equitatum iussit. Equestre proelium secundum fuit,
summotique hostes sunt. Et quia multis locis com- 9
primendi tumultus erant, qui temere oriebantur,
placuit omnes, qui dictatores, consules censoresve
fuissent, cum imperio esse, donec recessisset a muris
hostis. Et diei quod reliquum fuit et nocte inse- 10
quenti multi temere excitati tumultus sunt compressi-
que.

    XI. Postero die transgressus Anienem Hannibal 1
in aciem omnis copias eduxit; nec Flaccus consulesque
certamen detrectavere. Instructis utrimque exercitibus 2
in eius pugnae casum, in qua urbs Roma victori praemium esset, imber ingens grandine mixtus ita utramque aciem turbavit, ut vix armis retentis in castra sese
receperint nullius rei minore quam hostium metu. Et 3
postero die eodem loco acies instructas eadem tem-
pestas diremit. Ubi recepissent se in castra, mira sere-
nitas cum tranquillitate oriebatur. In religionem ea 4
res apud Poenos versa est, auditaque vox Hannibalis
fertur, potiundae sibi urbis Romae modo mentem non
dari, modo fortunam. | Minuere etiam spem eius duae 5
aliae, parva magnaque, res: magna illa, quod, cum
ipse ad moenia urbis Romae armatus sederet, milites
sub vexillis in supplementum Hispaniae profectos audiit;

---

10. diei quod reliquum fuit: =
die reliquo. Diei depends upon the
ablative antecedent of *quod.*

XI. 2. in: "in expectation of."
4. mentem non dari: i.e. after
the battle of Cannae.

6 parva autem, quod per eos dies eum forte agrum, in
quo ipse castra haberet, venisse nihil ob id deminuto
7 pretio cognitum ex quodam captivo est. Id vero adeo
superbum atque indignum visum, eius soli, quod ipse
bello captum possideret haberetque, inventum Romae
emptorem, ut extemplo vocato praecone tabernas argen-
tarias, quae circa forum Romanum essent, iusserit
8 venire. His motus ad Tutiam fluvium castra rettulit,
sex milia passuum ab urbe. Inde ad lucum Feroniae
pergit ire, templum ea tempestate inclutum divitiis.

1   XII. Ceterum non quantum Romanis pertinaciae
ad premendam obsidione Capuam fuit, tantum ad de-
2 fendendam Hannibali. Namque per Samnium et Lucanos in Bruttium agrum ad fretum ac Regium eo cursu
contendit, ut prope repentino adventu incautos op-
3 presserit. Capua etsi nihilo segnius obsessa per eos
dies fuerat, tamen adventum Flacci sensit, et admiratio
4 orta est non simul regressum Hannibalem. Inde per
conloquia intellexerunt relictos se desertosque et spem
5 Capuae retinendae deploratam apud Poenos esse. Accessit edictum proconsulis ex senatus consulto propo-
situm vulgatumque apud hostis, ut qui civis Campanus
6 ante certam diem transisset, sine fraude esset. Nec
ulla facta est transitio metu magis eos quam fide con-
tinente, quia maiora in defectione deliquerant, quam
7 quibus ignosci posset. Ceterum quem ad modum nemo
privato consilio ad hostem transibat, ita nihil salu-

---

6. **parva:** sc. *res.* **venire:** from
vēn(um)-eo; "to be sold." **ob id:** i.e.
because of its occupation by Hannibal.

7. **praecone:** "auctioneer."

8. **lucum Feroniae:** on Mt. So-
racte. The temple was plundered by
Hannibal.

XII-XIV. Recovery of Tarentum
by the Romans.

XII. 1. **tantum:** sc. *pertinaciae.*

2. **fretum:** sc. *Siculum.*

3. **regressum(esse):** the infinitive instead of the more common
quod clause to express the ground
of the *admiratio.*

5. **proconsulis:** i.e. Fulvius.
sine fraude: "unharmed." *Fraus*
has both an active and a passive
meaning.

6. **quibus:** the antecedent is
maiora (delicta).

tare in medium consulebatur. Nobilitas rem publicam 8
deseruerant neque in senatum cogi poterant; in magistratu erat, qui non sibi honorem adiecisset, sed indignitate sua vim ac ius magistratui, quem gerebat,
dempsisset; iam ne in foro quidem aut publico loco 9
principum quisquam apparebat, domibus inclusi patriae
occasum cum suo exitio in dies expectabant; summa 10
curae omnis in Bostarem Hannonemque, praefectos
praesidii Punici, versa erat, suo, non sociorum periculo sollicitos. Ii conscriptis ad Hannibalem litteris 11
non libere modo sed etiam aspere, quibus non Capuam
solam traditam in manum hostibus, sed se quoque et
praesidium in omnis cruciatus proditos incusabant: ab- 12
isse eum in Bruttios velut avertentem sese, ne Capua
in oculis eius caperetur; at hercule Romanos ne oppugnatione quidem urbis Romanae abstrahi a Capua
obsidenda potuisse: tanto constantiorem inimicum Ro- 13
manum quam amicum Poenum esse. Si redeat Capuam
bellumque omne eo vertat, et se et Campanos paratos
eruptioni fore. Non cum Reginis neque Tarentinis 14
bellum gesturos transisse Alpis; ubi Romanae legiones
sint, ibi et Carthaginiensium exercitus debere esse.
Sic ad Cannas, sic ad Trasumennum rem bene gestam
coeundo conferundoque cum hoste castra, fortunam
temptando. In hanc sententiam litterae conscriptae 15
Numidis proposita mercede eam professis operam dan-
tur. Ii supra septuaginta comprensi et mulcati virgis 19
manibusque praecisis Capuam rediguntur. Conspectum tam triste supplicium fregit animos Campanorum.

---

8. **in magistratu erat:** see 6. 13:
medix tuticus, qui summus magistra-
tus apud Campanos est, eo anno Seppius
Loesius erat, loco obscuro tenuique
fortuna ortus. **indignitate:** "hum-
ble condition."

10. **summa:** substantive. Cf.

21. 1. 1.

14. **gesturos:** see Introduction
VIII. 4 (c).

15. **operam:** i.e. the task of de-
livering the letters.

19. **supra:** used adverbially and
does not affect the case construction.

1 XIII. Concursus ad curiam populi factus coegit Loesium
senatum vocare; et primoribus, qui iam diu publicis
consiliis aberant, propalam minabantur, nisi venirent
in senatum, circa domos eorum ituros se et in publicum
omnis vi extracturos esse. Is timor frequentem sena-
2 tum magistratui praebuit. Ibi cum ceteri de legatis
mittendis ad imperatores Romanos agerent, Vibius Vir-
rius, qui defectionis auctor ab Romanis fuerat, inter-
rogatus sententiam negat eos, qui de legatis et de pace
3 ac deditione loquantur, meminisse, nec quid facturi
fuerint, si Romanos in potestate habuissent, nec quid
4 ipsis patiendum sit. 'Quid? vos' inquit 'eam de-
ditionem fore censetis, qua quondam, ut adversus
Samnites auxilium impetraremus, nos nostraque omnia
5 Romanis dedidimus? Iam e memoria excessit, quo
tempore et in qua fortuna a populo Romano defeceri-
mus? Iam, quem ad modum in defectione praesidium,
quod poterat emitti, per cruciatum et ad contumeliam
6 necarimus? Quotiens in obsidentis quam inimice eru-
perimus, castra oppugnarimus, Hannibalem vocaveri-
mus ad opprimendos eos? Hoc, quod recentissimum
est, ad oppugnandam Romam hinc eum miserimus?
7 Age contra, quae illi infeste in nos fecerint, repetite, ut
ex eo, quid speretis, habeatis. Cum hostis alienigena
in Italia esset, et Hannibal hostis, et cuncta bello arderent,
omissis omnibus, omisso ipso Hannibale ambo consules
et duo consulares exercitus ad Capuam oppugnandam
8 miserunt. Alterum annum circumvallatos inclusosque
nos fame macerant, et ipsi nobiscum ultima pericula et

---

gravissimos labores perpessi, circa vallum ac fossas
saepe trucidati ac prope ad extremum castris exuti.
Sed omitto haec: vetus atque usitata res est in op- 9
pugnanda hostium urbe labores ac pericula pati. Illud
irae atque odii execrabilis inexpiabilisque indicium est:
Hannibal ingentibus copiis peditum equitumque castra 10
oppugnavit et ex parte cepit: tanto periculo nihil moti
sunt ab obsidione; profectus trans Vulturnum perussit
Calenum agrum: nihil tanta sociorum clade avocati sunt;
ad ipsam urbem Romam infesta signa ferri iussit: eam 11
quoque tempestatem imminentem spreverunt; transgressus Anienem amnem tria milia passum ab urbe
castra posuit, postremo ad moenia ipsa et ad portas
accessit, Romam se adempturum eis, nisi omitterent
Capuam, ostendit: non omiserunt. Feras bestias, caeco 12
impetu ac rabie concitatas, si ad cubilia et catulos earum
ire pergas, ad opem suis ferendam avertas: Romanos 13
Roma circumsessa, coniuges, liberi, quorum ploratus
hinc prope exaudiebantur, arae, foci, deum delubra,
sepulcra maiorum temerata ac violata a Capua non
averterunt: tanta aviditas supplicii expetendi, tanta
sanguinis nostri hauriendi est sitis. Nec iniuria forsi- 14
tan: nos quoque idem fecissemus, si data fortuna esset.
Itaque quoniam aliter dis immortalibus est visum, cum
mortem ne recusare quidem debeam, cruciatus contu-
meliasque, quas parat hostis, dum liber, dum mei
potens sum, effugere morte, praeterquam honesta, etiam
leni possum. Non videbo Ap. Claudium et Q. Fulvium 15
victoria insolenti subnixos, neque vinctus per urbem
Romanam triumphi spectaculum trahar, ut deinde in
carcere expirem aut ad palum deligatus lacerato virgis
tergo cervicem securi Romanae subiciam; nec dirui

---

11. **passum**: =*passuum*.
12. **avertas**: potential of the indefinite second person.

14. **mei potens**: "master of my-
self."

incendique patriam videbo, nec rapi ad stuprum matres
16 Campanas virginesque et ingenuos pueros. Albam, unde
ipsi oriundi erant, a fundamentis proruerunt, ne stirpis,
ne memoria originum suarum extaret: nedum eos Capuae parsuros credam, cui infestiores quam Carthagini
17 sunt. Itaque quibus vestrum ante fato cedere, quam
haec tot tam acerba videant, in animo est, iis apud
18 me hodie epulae instructae parataeque sunt. Satiatis
vino ciboque poculum idem, quod mihi datum fuerit,
circumferetur: ea potio corpus a cruciatu, animum a
contumeliis, oculos, auris a videndis audiendisque omnibus acerbis indignisque, quae manent victos, vindicabit;
parati erunt, qui magno rogo in propatulo aedium
19 accenso corpora exanima iniciant. Haec una via et
honesta et libera ad mortem. Et ipsi virtutem mira-
buntur hostes, et Hannibal fortis socios sciet ab se
1 desertos ac proditos esse.' XIV. Hanc orationem Virri
plures cum adsensu audierunt, quam forti animo id,
2 quod probabant, exsequi potuerunt: maior pars senatus,
multis saepe bellis expertam populi Romani clemen-
tiam haud diffidentes sibi quoque placabilem fore,
legatos ad dedendam Romanis Capuam decreverunt
3 miseruntque. Vibium Virrium septem et viginti ferme
senatores domum secuti sunt epulatique cum eo et,
quantum facere potuerant alienatis mentibus vino ab
imminentis sensu mali, venenum omnes sumpserunt;
4 inde misso convivio dextris inter se datis ultimoque
complexu conlacrimantes suum patriaeque casum alii,
ut eodem rogo cremarentur, manserunt, alii domos
5 digressi sunt. Inpletae cibis vinoque venae minus

---

16. **Albam:** according to tradi-
tion, Alba Longa was destroyed by
Tullus Hostilius, Livy, 1. 28. **stirpis:** nominative, as elsewhere in
Livy. **nedum . . . credam:** "still
less am I to believe." Hale-Buck, 505.

18. **in propatulo aedium:** "in
the vestibule of the house."
XIV. 2. **pars . . . diffidentes:**
see 21. 27. 9.
4. **misso** = *dimisso*.

efficacem in maturanda morte vim veneni fecerunt:
itaque noctem totam plerique eorum et diei insequentis
partem cum animam egissent, omnes tamen prius, quam
aperirentur hostibus portae, expirarunt.

Postero die porta Iovis, quae adversus castra Ro- 6
mana erat, iussu proconsulis aperta est. Ea intromissa
legio una et duae alae cum C. Fulvio legato. Is cum 7
omnium primum arma telaque, quae Capuae erant, ad
se conferenda curasset, custodiis ad omnes portas dispo-
sitis, ne quis exire aut emitti posset, praesidium Punicum comprehendit, senatum Campanum ire in castra
ad imperatores Romanos iussit. Quo cum venissent, 8
extemplo iis omnibus catenae iniectae, iussique ad
quaestores deferre quod auri atque argenti haberent.
Auri pondo duo milia septuaginta fuit, argenti triginta
milia pondo et mille ducenta. Senatores quinque et 9
viginti Cales in custodiam, duodetriginta Teanum missi,
quorum de sententia maxime descitum ab Romanis
constabat.

XVIII. Inter haec Hispaniae populi nec qui post 1
cladem acceptam defecerant redibant ad Romanos, nec
ulli novi deficiebant. Et Romae senatui populoque post 2
receptam Capuam non Italiae iam maior quam Hispaniae cura erat. Et exercitum augeri et imperatorem
mitti placebat. Nec tam, quem mitterent, satis con- 3
stabat, quam illud, ubi duo summi imperatores intra
dies triginta cecidissent, qui in locum duorum succe-

---

5. **animam egissent**: concessive.
Animam agere=vivere.

8. **pondo**: an indeclinable noun,
originally an ablative of *pondus*
(weight). The full form was *pondo
libra.*

9. **descitum (esse)**: impersonal.
XVIII-XIX. 6. Young Scipio is
  sent as Proconsul to Spain.

1. **cladem**: P. Cornelius Scipio,
the consul of 218, and his brother,
Cn. Scipio (21. 32. 3), were defeated
in Spain in the year 212 (25. 32-39);
the former by Hasdrubal. son of
Gisgo; the latter by Hasdrubal. the
son of Hamilcar. Both died bravely
on the field of battle.

3. **illud**: explained by (*eum*) *deligendum esse.*

4 deret, extraordinaria cura deligendum esse. Cum alii
alium nominarent, postremum eo decursum est, ut
proconsuli creando in Hispaniam comitia haberentur;
5 diemque comitiis consules edixerunt. Primo expecta-
verant, ut, qui se tanto imperio dignos crederent,
nomina profiterentur. Quae ut destituta expectatio est,
redintegratus luctus acceptae cladis desideriumque im-
6 peratorum amissorum. Maesta itaque civitas, prope
inops consilii, comitiorum die tamen in campum descendit; atque in magistratus versi circumspectant ora
principum aliorum alios intuentium fremuntque adeo
perditas res desperatumque de re publica esse, ut nemo
7 audeat in Hispaniam imperium accipere, cum subito
P. Cornelius, P. Cornelii, qui in Hispania ceciderat,
filius, quattuor et viginti ferme annos natus, professus
se petere in superiore, unde conspici posset, loco con-
8 stitit. In quem postquam omnium ora conversa sunt
clamore ac favore ominati extemplo sunt felix faustum-
9 que imperium. Iussi deinde inire suffragium ad unum
omnes non centuriae modo sed etiam homines P. Sci-
10 pioni imperium esse in Hispania iusserunt. Ceterum
post rem actam, ut iam resederat impetus animorum
ardorque, silentium subito ortum et tacita cogitatio,
quidnam egissent? Nonne favor plus valuisset quam
11 ratio? Aetatis maxime paenitebat; quidam fortunam
etiam domus horrebant nomenque ex funestis duabus
familiis in eas provincias, ubi inter sepulcra patris pa-

---

4. eo decursum est: "they had
recourse to this plan."

5. nomina profiterentur: "to
announce their candidacy." destituta . . . est: "was disappoint-
ed."

6. campum: sc. *Martium.* aliorum alios: the reciprocal idea
might have been expressed by *inter
se.*

7. P. Cornelius: see 21. 46. 7 and
note. petere: "to be a candidate."

8. felix faustumque: these adjectives are frequently united in
prayers and other religious formulae.

9. He received not only the votes
of all the centuries, but the unani-
mous vote of each century.

10. impetus: for meaning see 7. 3.

truique res gerendae essent, proficiscentis.   **XIX.** Quam 1
ubi ab re tanto impetu acta sollicitudinem curamque
hominum animadvertit, advocata contione ita de aetate
sua imperioque mandato et bello, quod gerundum esset,
magno elatoque animo disseruit, ut ardorem eum, qui 2
resederat, excitaret rursus novaretque et impleret homines certioris spei, quam quantam fides promissi
humani aut ratio ex fiducia rerum subicere solet.   Fuit 3
enim Scipio non veris tantum virtutibus mirabilis, sed
arte quoque quadam ab iuventa in ostentationem earum
compositus, pleraque apud multitudinem aut ut per 4
nocturnas visas species aut velut divinitus mente monita
agens, sive et ipse capti quadam superstitione animi,
sive ut imperia consiliaque velut sorte oraculi missa
sine cunctatione exsequerentur.   Ad hoc iam inde 5
ab initio praeparans animos, ex quo togam virilem
sumpsit, nullo die prius ullam publicam privatamque
rem egit, quam in Capitolium iret ingressusque aedem
consideret et plerumque solus in secreto ibi tempus
tereret.   Hic mos, quem per omnem vitam servabat, 6
seu consulto seu temere vulgatae opinioni fidem apud
quosdam fecit stirpis eum divinae virum esse.

---

11. proficiscentis: sc. *Scipionis.*
in eas provincias: Livy is thinking
of the later division of Spain into
three provinces.

XIX. 2. spei: genitive with *impleret* after the analogy of the usual
construction with *plenus.* **quantam:** sc. *spem.* Omit in translation.

3. compositus: middle voice.

4. capti . . . animi: genitive of
description. **exsequerentur:** the

subject is implied in *apud multitudinem.*

5. ex quo: sc. *tempore.* **togam
virilem:** the plain white garment of
manhood, which was usually as-
sumed at the age of seventeen.
aedem: i.e. of Jupiter Optimus
Maximus.

6. consulto . . . temere: contrasted; "whether it was by the design of Scipio or not."

TITI LIVI

AB URBE CONDITA

LIBER XXVII

4   **XV. Q. Fabius consul oppidum in Sallentinis Manduriam vi cepit. Ibi ad tria milia hominum capta et ceterae praedae aliquantum. Inde Tarentum pro-**
5 **fectus in ipsis faucibus portus posuit castra. Naves, quas Laevinus tutandis commeatibus habuerat, partim machinationibus onerat apparatuque moenium oppugnandorum, partim tormentis et saxis omnique missilium telorum genere instruit, onerarias quoque,**
6 **non eas solum, quae remis agerentur, ut alii machinas scalasque ad muros ferrent, alii procul ex navibus vulnerarent moenium propugnatores.**

9   **Fabium Tarentum obsidentem leve dictu momentum ad rem ingentem potiundam adiuvit. Praesidium**
. **Bruttiorum datum ab Hannibale Tarentini habebant. Eius praesidii praefectus deperibat amore mulierculae,**
10 **cuius frater in exercitu Fabii consulis erat. Is certior litteris sororis factus de nova consuetudine advenae locupletis atque inter popularis tam honorati, spem**

XV. 4.-XVI. 9. Fabius Recovers
    Tarentum.

4. Q. Fabius: the consuls of 209
B.C. were Q. Fabius Maximus *quintum*, and Q. Fulvius Flaccus *quartum*. **faucibus:** see 25. 11. 11.

5. **Laevinus:** M. Valerius Laevinus 22. 9. M. Livius Macatus was in command of the citadel. According to Polybius his praenomen was Gai-

us. Cicero (*Cato Maior*, 4. 11) is mistaken in speaking of him as M. Livius Salinator.

6. quae remis agerentur: probably used of warships.

9. rem potiundam: see 21. 45. 9. **mulierculae:** the diminutive, perhaps, suggests a tone of contempt.

10. consuetudine: "attachment."

124

nactus per sororem quolibet inpelli amantem posse,
quid speraret ad consulem detulit. Quae cum haud 11
vana cogitatio visa esset, pro perfuga iussus Tarentum
transire, ac per sororem praefecto conciliatus, primo
occulte temptando animum, dein satis explorata levitate blanditiis muliebribus perpulit eum ad proditionem
custodiae loci, cui praepositus erat. Ubi et ratio agen- 12
dae rei et tempus convenit, miles nocte per intervalla
stationum clam ex urbe emissus ea, quae acta erant,
quaeque ut agerentur convenerat, ad consulem refert.
Fabius vigilia prima dato signo iis, qui in arce erant, 13
quique custodiam portus habebant, ipse circumito portu
ab regione urbis in orientem versa occultus consedit.
Canere inde tubae simul ab arce simul a portu et ab 14
navibus, quae ab aperto mari adpulsae erant, clamorque undique cum ingenti tumultu, unde minimum
periculi erat, de industria ortus. Consul interim silentio
continebat suos. Igitur Democrates, qui praefectus 15
antea classis fuerat, forte illo loco praepositus, postquam quieta omnia circa se vidit, alias partes eo tumultu personare, ut captae urbis interdum excitaretur
clamor, veritus, ne inter cunctationem suam consul 16
aliquam vim faceret ac signa inferret, praesidium ad
arcem, unde maxime terribilis accidebat sonus, traducit. Fabius cum et ex temporis spatio et ex silentio 17
ipso, quod, ubi paulo ante strepebant excitantes vocan-
tesque ad arma, inde nulla accidebat vox, deductas
custodias sensisset, ferri scalas ad eam partem muri,
qua Bruttiorum cohortem praesidium agitare prodi-

---

11. pro perfuga: =*specie transfugae.* 26. 7. 6.

12. convenerat: the subject is
quae ut agerentur; "the performance
of which had been agreed upon."

18. ab regione ... versa: "opposite the eastern portion of the
city."

14. canere: historical infinitive
parallel to the finite verb, *ortus* (*est*).

15. illo loco: locative ablative
instead of the dative with *praepositus.*

17. proditionis conciliator:
translate by a relative clause; "he
who had arranged the betrayal."

18 tionis conciliator nuntiaverat, iubet. Ea primum captus est murus adiuvantibus recipientibusque Bruttiis, et transcensum in urbem est; inde et proxuma refracta

19 porta, ut frequenti agmine signa inferrentur. Tum clamore sublato sub ortum ferme lucis nullo obvio armato in forum perveniunt, omnesque undique, qui ad arcem

1 portumque pugnabant, in se converterunt. XVI. Proelium in aditu fori maiore impetu quam perseverantia commissum est: non animo, non armis, non arte belli, non vigore ac viribus corporis par Romano Tarentinus

2 erat. Igitur pilis tantum coniectis, prius paene, quam consererent manus, terga dederunt, dilapsique per nota urbis itinera in suas amicorumque domos. Duo

3 ex ducibus Nico et Democrates fortiter pugnantes cecidere; Philemenus, qui proditionis ad Hannibalem auctor fuerat, cum citato equo ex proelio avectus esset,

4 vacuus paulo post equus errans per urbem cognitus, corpus nusquam inventum est: creditum vulgo est in

5 puteum apertum ex equo praecipitasse. Cárthalonem autem, praefectum Punici praesidii, cum commemoratione paterni hospitii positis armis venientem ad con-

6 sulem miles obvius obtruncat. Alii alios passim sine discrimine armatos inermisque caedunt, Carthaginienses Tarentinosque pariter. Bruttii quoque multi passim interfecti, seu per errorem seu vetere in eos insito odio seu ad proditionis famam, ut vi potius atque armis captum Tarentum videretur, extinguendam.

7 Tum a caede ad diripiendam urbem discursum. Milia triginta servilium capitum dicuntur capta, argenti vis ingens facti signatique, auri octoginta tria milia pondo, signa et tabulae, prope ut Syracusarum ornamenta

---

XVI. 4. vacuus: "without a rider." praecipitasse: cf. 25. 11. 6.
6. insito: sc. *ingenio*. Cf. 22. 3. 4.
7. servilium capitum: =*servorum*. The periphrasis with *caput* is

frequent as with *corpus*. See 21. 13.
7. facti signatique: "wrought and stamped silver." Syracusarum: at the capture of Syracuse, the Roman general, Marcellus, despoiled

aequaverint. Sed maiore animo generis eius praeda 8
abstinuit Fabius quam Marcellus; qui interroganti
scriba, quid fieri signis vellet ingentis magnitudinis —
di sunt, suo quisque habitu in modum pugnantium
formati —, deos iratos Tarentinis relinqui iussit. Murus
inde, qui urbem ab arce dirimebat, dirutus est ac 9
disiectus.

　　XXXIV. Cum circumspicerent patres, quosnam con- 1
sules facerent, longe ante alios eminebat C. Claudius Nero;
ei conlega quaerebatur. Et virum quidem eum egregium 2
ducebant, sed promptiorem acrioremque, quam tempora belli postularent aut hostis Hannibal; temperandum 3
acre ingenium eius moderato et prudenti viro adiuncto
conlega censebant. M. Livius erat, multis ante annis ex
consulatu populi iudicio damnatus, quam ignominiam 4
adeo aegre tulerat, ut rus migraret et per multos annos
et urbe et omni coetu caruerit hominum. Octavo ferme 5
post damnationem anno M. Claudius Marcellus et
M. Valerius Laevinus consules redduxerant eum in
urbem; sed erat veste obsoleta capilloque et barba
promissa, prae se ferens in vultu habituque insignem
memoriam ignominiae acceptae. L. Veturius et P. 6
Licinius censores eum tonderi et squalorem deponere et
in senatum venire fungique aliis publicis muneribus
coegerunt. Adnisi omnes cum C. Claudio M. Livium 15
consulem fecerunt.

---

the city of many valuable works of
Greek art, an unfortunate precedent
for later Roman conquerors.

　8. **signis**: ablative of means.
Quid signis fit? "What is done with
the statues?" "What becomes of
the statues?"

XXXIV-XXXV. Claudius Nero
　and M. Livius Elected Consuls.

　1. **consules**: i.e. for the year 207
B.C.

　3. **ex consulatu**: M. Livius Sal-

inator during his consulship in 219
B.C. defeated the Illyrians. The
charge of dishonesty in the division
of the booty gained in this war was
brought against him in the following year.

　5. **octavo anno**: i.e. in the year
210 B.C. **veste obsoleta**: a common
mark of mourning. **capillo**: sc.
promisso.

　6. **squalorem**: refers to *veste obsoleta* of 5.

5 XXXV. Quia periculosissimus annus inminere videbatur, neque consules in re publica erant, in consules
designatos omnes versi, quam primum eos sortiri provincias et praesciscere, quam quisque eorum provin-
10 ciam, quem hostem haberet, volebant. Provinciae iis
non permixtae regionibus, sicut superioribus annis, sed
diversae extremis Italiae finibus, alteri adversus Hannibalem Bruttii et Lucani, alteri Gallia adversus Hasdrubalem, quem iam Alpibus adpropinquare fama erat,
decreta.

1 XXXVI. De Hasdrubalis adventu in Italiam cura
in dies crescebat. Massiliensium primum legati nun-
2 tiaverant eum in Galliam transgressum, erectosque
adventu eius, quia magnum pondus auri attulisse
diceretur ad mercede auxilia conducenda, Gallorum ani-
3 mos. Missi deinde cum iis legati ab Roma Sex. Antistius
et M. Raecius ad rem inspiciendam rettulerant misisse
se cum Massiliensibus ducibus, qui per hospites eorum,
4 principes Gallorum, omnia explorata referrent; pro
comperto habere Hasdrubalem ingenti iam coacto exercitu proximo vere Alpes traiecturum, nec tum eum
quicquam aliud morari, nisi quod clausae hieme Alpes
essent.

1 XL. Consules diversis itineribus profecti ab urbe
velut in duo pariter bella distenderant curas hominum,

XXXV. **5. neque consules
erant:** the consuls of 208 B.C., C.
Claudius Marcellus and T. Quinctius
Crispinus, engaged with Hannibal at
Venusia. Marcellus was killed in
battle and Crispinus received a se-
vere wound, from which he died a
few days later.

10. permixtae regionibus: not
Italy in general as a field of operations for both consuls; but the one
consul was to carry on war with
Hannibal in the south, while the
other was to meet Hasdrubal in

Northern Italy, or Cisalpine Gaul.
Hasdrubal had been instructed by
the Carthaginian senate to bring reinforcements to his brother and had
succeeded in escaping from the army
of Scipio (27. 20. 6).

XXXVI. 1-4. XL. 1-6. Hasdrubal
 in Italy. Anxiety in Rome.

3. misisse: its object is the antecedent of the *qui*-clause.

4. pro comperto habere: cf.
pro certo habere. **coacto:** the meaning "to collect" is consistent with
the etymology of *cogere.*

simul recordantium, quas primus adventus Hannibalis
intulisset Italiae clades, simul cum illa angeret cura, 2
quos tam propitios urbi atque imperio fore deos, ut
eodem tempore utrobique res publica prospere gereretur.   Adhuc adversa secundis pensando rem ad id
tempus extractam esse: cum in Italia ad Trasumennum 3
et Cannas praecipitasset Romana res, prospera bella
in Hispania prolapsam eam erexisse; postea, cum in 4
Hispania alia super aliam clades duobus egregiis ducibus
amissis duos exercitus ex parte delesset, multa secunda
in Italia Siciliaque gesta quassatam rem publicam ex-
cepisse; et ipsum intervallum loci, quod in ultimis 5
terrarum oris alterum bellum gereretur, spatium dedisse
ad respirandum: nunc duo bella in Italiam accepta, 6
duo celeberrimi nominis duces circumstare urbem
Romanam, et unum in locum totam periculi molem,
omne onus incubuisse. Qui eorum prior vicisset, intra
paucos dies castra cum altero iuncturum.

XLIII. Inter haec ab Hasdrubale, postquam a 1
Placentiae obsidione abscessit, quattuor Galli equites,
duo Numidae cum litteris missi ad Hannibalem cum
per medios hostes totam ferme longitudinem Italiae
emensi essent, dum Metapontum cedentem Hannibalem 2
sequuntur, incertis itineribus Tarentum delati a vagis
per agros pabulatoribus Romanis ad Q. Claudium pro-
praetorem deducuntur. Eum primo incertis inplicantes 3
responsis, ut metus tormentorum admotus fateri vera
coegit, edocuerunt litteras se ab Hasdrubale ad Hannibalem ferre. Cum iis litteris sicut erant signatis L. 4

XL. **2. illa cura**: the following
question is in apposition. **fore**: for
the use of the infinitive, see 21. 53. 3.
adversa: =*adversas res.* **pensando**: =*compensando.*
  3. praecipitasset: cf. 25. 11. 6.
  4. duobus ducibus: Gnaeus and
Publius Scipio; see 18. 3.

XLIII-LI. Claudius Advances to
the North. Battle of the
Meteurus.
  1. ab Hasdrubale: Hasdrubal
had crossed the Alps and was now
near the river Po.
  3. implicantes: conative; "seek-
ing to confuse the consul."

ʼVerginio tribuno militum ducendi ad Claudium con-
5 sulem traduntur.   Duae simul turmae Samnitium praesidii causa missae.   Qui ubi ad consulem pervenerunt,
litteraeque lectae per interpretem sunt, et ex captivis
6 percunctatio facta, tum Claudius non id tempus esse
rei publicae ratus, quo consiliis ordinariis provinciae
suae quisque finibus per exercitus suos cum hoste desti-
7 nato ab senatu bellum gereret; audendum ac novandum
aliquid improvisum, inopinatum, quod coeptum non
minorem apud cives quam hostes terrorem faceret,
perpetratum in magnam laetitiam ex magno metu
8 verteret, litteris Hasdrubalis Romam ad senatum missis
simul et ipse patres conscriptos, quid pararet, edocet:
ut, cum in Umbria se occursurum Hasdrubal fratri
9 scribat, legionem a Capua Romam arcessant, dilectum
Romae habeant, exercitum urbanum ad Narniam hosti
10 opponant.   Haec senatui scripta.   Praemissi item per
agrum Larinatem Marrucinum Frentanum Praetutianum,
qua exercitum ducturus erat, ut omnes ex agris urbibus-
que commeatus paratos militi ad vescendum in viam
deferrent, equos iumentaque alia producerent, ut
vehiculorum fessis copia esset.   Ipse de toto exercitu
11 civium sociorumque quod roboris erat delegit, sex milia
peditum, mille equites; pronuntiat occupare se in
Lucanis proximam urbem Punicumque in ea praesidium
12 velle: ut ad iter parati omnes essent.   Profectus nocte
flexit in Picenum.

Et consul quidem quantis maximis itineribus poterat ad conlegam ducebat relicto Q. Catio legato, qui
1 castris praeesset.   XLIV. Romae haud minus terroris
ac tumultus erat, quam fuerat biennio ante, cum castra

---

6. **finibus**: =*intra fines.*

7. **coeptum, perpetratum**: equivalent to future conditions.

10. **praemissi**: sc. *nuntii.*

11. **ut . . . essent**: represents a
command.

XLIV. 1. **biennio**: an error on
the part of Livy. Hannibal's march
against Rome falls in the year 211,
four years prior to this. See 26. 9–11.

Punica obiecta Romanis moenibus portisque fuerant.
Neque satis constabat animis, tam audax iter consulis
laudarent vituperarentne; apparebat, quo nihil iniquius
est, ex eventu famam habiturum: castra prope Han- 2
nibalem hostem relicta sine duce, cum exercitu, cui
detractum foret omne quod roboris, quod floris fuerit,
et consulem in Lucanos ostendisse iter, cum Picenum et
Galliam peteret, castra relinquentem nulla alia re 3
tutiora quam errore hostis, qui ducem inde atque exercitus partem abesse ignoraret. Quid futurum, si id 4
palam fiat, et aut insequi Neronem cum sex milibus
armatorum profectum Hannibal toto exercitu velit aut
castra invadere praedae relicta sine viribus, sine imperio,
sine auspicio? Veteres eius belli clades, duo consules 5
proximo anno interfecti terrebant; et ea omnia accidisse,
cum unus imperator, unus exercitus hostium in Italia
esset; nunc duo bella Punica facta, duos ingentes exercitus, duos prope Hannibales in Italia esse. Quippe et
Hasdrubalem patre eodem Hamilcare genitum, aeque 6
inpigrum ducem, per tot annos in Hispania Romano
exercitatum bello, gemina victoria insignem duobus
exercitibus cum clarissimis ducibus deletis. Nam itineris quidem celeritate ex Hispania et concitatis ad arma 7
Gallicis gentibus multo magis quam Hannibalem ipsum
gloriari posse: quippe in iis locis hunc coegisse exerci- 8
tum, quibus ille maiorem partem militum fame ac
frigore, quae miserrima mortis genera sint, amisis-
set. Omnia maiora etiam vero praesidia hostium, minora 10

---

quo . . . est: the antecedent is the
thought of the following clause.

2. cui: refers to *exercitu*. Dative
of separation.

3. inde: i.e. from the camp.

4. futurum (esse): see 21. 53. 3.
palam fiat: "should become
known." **praedae:** dative; *ad
praedam* might have been used.

5. duo consules: see note to 35.
5. prope: "one might almost
say."

6. duobus exercitibus: see note
to 26. 18. 1.

8. hunc: Hamilcar. **ille:** Hannibal. *Hic* here refers not to the one
last named, but to him who appears
the more prominent.

sua, metu interprete semper in deteriora inclinato,
ducebant.

1　　XLV. Nero postquam iam tantum intervalli ab
hoste fecerat, ut detegi consilium satis tutum esset,
2 paucis milites alloquitur. Negat ullius consilium imperatoris in speciem audacius, re ipsa tutius fuisse quam
3 suum. Ad certam eos se victoriam ducere: quippe ad
quod bellum collega non ante, quam ad satietatem ipsius
peditum atque equitum datae ab senatu copiae fuissent
maiores instructioresque, quam si adversus ipsum Hannibalem iret, profectus sit, eo ipsi si quantumcumque
virium momentum addiderint, rem omnem inclinaturos.
4 Auditum modo in acie — nam ne ante audiatur, daturum operam — alterum consulem et alterum exercitum
advenisse haud dubiam victoriam facturum. Famam
5 bellum conficere, et parva momenta in spem metum-
que impellere animos; gloriae quidem ex re bene gesta
partae fructum prope omnem ipsos laturos; semper quod
6 postremum adiectum sit, id rem totam videri traxisse.
Cernere ipsos, quo concursu, qua admiratione, quo
favore hominum iter suum celebretur. Et hercule per
7 instructa omnia ordinibus virorum mulierumque undique
ex agris effusorum, inter vota ac preces et laudes ibant:
illos praesidia rei publicae, vindices urbis Romanae
imperiique appellabant; in illorum armis dextrisque
suam liberorumque suorum salutem ac libertatem
8 repositam esse. Deos omnes deasque precabantur, ut
illis faustum iter, felix pugna, matura ex hostibus victoria esset, damnarenturque ipsi votorum, quae pro iis ·

---

10. ducebant: "considered."

XLV. 2. paucis: sc. *verbis.* in
speciem: =*specie.*

3. ipsius: =*collegae.* eo: adverb,
referring to *ad quod bellum.*

4. auditum . . . advenisse:
forms the subject of *facturum.* The
neuter participle agrees with *ad-*

venisse.

7. vindices: a legal term. Translate "the avengers."

8. faustum . . . felix: see 26. 18. 8.
votorum: the genitive of the pen-
alty. Literally, "condemned to pay
their vows." Translate "successful
in their vows."

suscepissent, ut, quem ad modum nunc solliciti prose- 9
querentur eos, ita paucos post dies laeti ovantibus
victoria obviam irent. Invitare inde pro se quisque et
offerre et fatigare precibus, ut, quae ipsis iumentisque 10
usui essent, ab se potissimum sumerent; benigne omnia
cumulata dare. Modestia certare milites, ne quid ultra
usum necessarium sumerent; nihil morari, nec ab 11
signis abire nec subsistere cibum capientes; diem ac
noctem ire; vix quod satis ad naturale desiderium corporum esset, quieti dare. Et ad collegam praemissi 12
erant, qui nuntiarent adventum percunctarenturque,
clam an palam, interdiu an noctu venire sese vellet,
isdem an aliis considere castris. Nocte clam ingredi
melius visum est.

XLVI. Tessera per castra ab Livio consule data 1
erat, ut tribunus tribunum, centurio centurionem, eques
equitem, pedes peditem acciperet: neque enim dilatari 2
castra opus esse, ne hostis adventum alterius consulis
sentiret; et coartatio plurium in angusto tendentium
facilior futura erat, quod Claudianus exercitus nihil
ferme praeter arma secum in expeditionem tulerat.
Ceterum in ipso itinere auctum voluntariis agmen erat, 3
offerentibus ultro sese et veteribus militibus perfunctis iam militia et iuvenibus, quos certatim nomina dantes,
si quorum corporis species roburque virium aptum
militiae videbatur, conscripserat. Ad Senam castra 4
alterius consulis erant, et quingentos ferme inde passus
Hasdrubal aberat. Itaque cum iam adpropinquaret,
tectus montibus substitit Nero, ne ante noctem castra
ingrederetur. Silentio ingressi, ab sui quisque ordinis 5

---

11. **quod**: sc. *tempus.*
XLVI. 1. **tessera**: a tablet on
which the "order of the day" was
written.
2. **tendentium**: sc. *tentoria,* "en-
camping." **Claudianus**: = *Claudii.*

3. **perfunctis militia**: i.e. veter-
ans.
4. **Sena**: a Roman colony on a
river of the same name, twelve miles
south of the river Metaurus.

hominibus in tentoria abducti, cum summa omnium
laetitia hospitaliter excipiuntur. Postero die consilium
7 habitum. Multorum eo inclinabant sententiae, ut, dum
fessum via ac vigiliis reficeret militem Nero, simul et ad
noscendum hostem paucos sibi sumeret dies, tempus
8 pugnae differretur; Nero non suadere modo, sed summa
ope orare institit, ne consilium suum, quod tutum
celeritas fecisset, temerarium morando facerent: errore,
9 qui non diuturnus futurus esset, velut torpentem Hannibalem nec castra sua sine duce relicta adgredi nec ad
sequendum se iter intendisse. Antequam se moveat,
deleri exercitum Hasdrubalis posse redirique in Apuliam.
10 Qui prolatando spatium hosti det, eum et illa castra
prodere Hannibali et aperire in Galliam iter, ut per
otium, ubi velit, Hasdrubali coniungatur. Extemplo
11 signum dandum et exeundum in aciem abutendumque
errore hostium absentium praesentiumque, dum neque
illi sciant cum paucioribus nec hi cum pluribus et vali-
12 dioribus rem esse. Consilio dimisso signum pugnae
proponitur, confestimque in aciem procedunt.

XLVII. Iam hostes ante castra instructi stabant.
Moram pugnae attulit, quod Hasdrubal, provectus ante
signa cum paucis equitibus, scuta vetera hostium no-
tavit, quae ante non viderat, et strigosiores equos;
2 multitudo quoque maior solita visa est. Suspicatus
enim id, quod erat, receptui propere cecinit ac misit ad
flumen, unde aquabantur, ubi et excipi aliqui possent
3 et notari oculis, si qui forte adustioris coloris ut ex
recenti via essent; simul circumvehi procul castra iubet
specularique, num auctum aliqua parte sit vallum, et ut
4 attendant, semel bisne signum canat in castris. Ea cum
ordine omnia relata essent, castra nihil aucta errorem

---

8. **suadere: institit:** see 15. 14.
11. **abutendum:** "they should
take full advantage of." Avoid
translating *abuti* by the English

"abuse." **illi:** the more remote, i.e.
Hannibal's army.
XLVII. 1. **solita:** sc. *multitudine.*
3. **canat:** sc. *tubicen.*

faciebant: bina erant, sicut ante adventum consulis alterius fuerant, una M. Livii, altera L. Porci, neutris quicquam, quo latius tenderetur, ad munimenta adiectum.   Illud veterem ducem adsuetumque Romano hosti 5 movit, quod semel in praetoriis castris signum, bis in consularibus referebant cecinisse.   Duos profecto consules esse, et quonam modo alter ab Hannibale abscessisset, cura angebat.   Minime id, quod erat, suspicari 6 poterat, tantae rei frustratione Hannibalem elusum, ut, ubi dux, ubi exercitus esset, cum quo castra conlata haberet, ignoraret; profecto haud mediocri clade ab- 7 sterritum insequi non ausum; magno opere vereri, ne perditis rebus serum ipse auxilium venisset Romanisque eadem iam fortuna in Italia quae in Hispania esset. Interdum litteras suas ad eum non pervenisse credere, 8 interceptisque iis consulem ad sese opprimendum adcelerasse.   His anxius curis extinctis ignibus vigilia prima dato signo, ut taciti vasa colligerent, signa ferri iussit.   In trepidatione et nocturno tumultu duces 9 parum intente adservati, alter in destinatis iam ante animo latebris subsedit, alter per vada nota Metaurum flumen tranavit.   Ita desertum ab ducibus agmen primo per agros palatur, fessique aliquot itinere ac vigiliis sternunt somno corpora passim atque infrequentia relinquunt signa.   Hasdrubal, dum lux viam ostenderet, 10 ripa fluminis signa ferri iubet, et per tortuosi amnis sinus flexusque cum iter errore revolvens haud multum processisset, ubi prima lux transitum opportunum ostendisset, transiturus erat.   Sed cum quantum a mari ab- 11

---

4. bina: sc. *castra*. See 22. 44. 1. Porci: L. Porcius Licinus the praetor had joined his forces to those of Livius.

6. tantae rei frustratione: literally "deception in so important a matter." Translate "so grossly deceived that."

7. serum: "too late."

8. vasa colligerent: see 21. 47. 2.

9. duces: sc. *itineris;* "the guides."

10. iter revolvens: "turning back on the road."

11. quantum: see 21. 31. 2. We should expect rather *quanto* with a

scedebat, tanto altioribus coercentibus amnem ripis non inveniret vada, diem terendo spatium dedit ad insequendum sese hosti.

1   XLVIII. Nero primum cum omni equitatu advenit, Porcius deinde adsecutus cum levi armatura. Qui cum
2 fessum agmen carperent ab omni parte incursarentque, et iam omisso itinere, quod fugae simile erat, castra metari Poenus in tumulo super fluminis ripam vellet,
3 advenit Livius peditum omnibus copiis non itineris modo, sed ad conserendum extemplo proelium instructis
4 armatisque. Sed ubi omnes copias coniunxerunt, derectaque acies est, Claudius dextro in cornu, Livius ab sinistro pugnam instruit, media acies praetori tuenda
5 data. Hasdrubal omissa munitione castrorum postquam pugnandum vidit, in prima acie ante signa elephantos locat, circa eos laevo in cornu adversus Claudium Gallos opponit, haud tantum iis fidens, quantum
6 ab hoste timeri eos credebat; ipse dextrum cornu adversus M. Livium sibi atque Hispanis — et ibi maxime in vetere milite spem habebat — sumpsit; Ligures in
7 medio post elephantos positi. Sed longior quam latior acies erat; Gallos prominens collis tegebat. Ea frons,
8 quam Hispani tenebant, cum sinistro Romanorum cornu concurrit; dextra omnis acies extra proelium eminens cessabat; collis oppositus arcebat, ne aut a fronte aut ab latere adgrederentur. Inter Livium Has-
9 drubalemque ingens contractum certamen erat, atrox-
10 que caedes utrimque edebatur. Ibi duces ambo, ibi pars maior peditum equitumque Romanorum, ibi Hispani, vetus miles peritusque Romanae pugnae, et

---

comparative, correlative with *tanto altioribus*. Compare, however, *quidquid*, 21. 54. 8. **diem terendo**: "wasting the day."

XLVIII. **2. carperent**: both Livy and Caesar use this verb to represent the weakening of the enemy by repeated attacks.

3. itineris modo: =*ad iter faciendum* qualifies *instructis*.

7. longior quam latior: see 22. 24. 3.

ᴌigures, durum in armis genus. Eodem versi elephanti, qui primo impetu turbaverant antesignanos et
11 iam signa moverant loco; deinde crescente certamine et
clamore inpotentius iam regi et inter duas acies versari,
velut incerti, quorum essent, haud dissimiliter navibus
12 sine gubernaculo vagis. Claudius 'Quid ergo prae-
cipiti cursu tam longum iter emensi sumus?' clami-
tans militibus, cum in adversum collem frustra signa
erigere conatus esset, postquam ea regione penetrari ad
13 hostem non videbat posse, cohortes aliquot subductas
e dextro cornu, ubi stationem magis segnem quam
14 pugnam futuram cernebat, post aciem circumducit et
non hostibus modo sed etiam suis inopinantibus in
dextrum hostium latus incurrit; tantaque celeritas fuit,
ut, cum ostendissent se ab latere, mox in terga iam pug-
15 narent. Ita ex omnibus partibus, ab fronte, ab latere,
ab tergo, trucidantur Hispani Liguresque, et ad Gallos
iam caedes pervenerat. Ibi minimum certaminis fuit:
16 nam et pars magna ab signis aberant, nocte dilapsi
stratique somno passim per agros, et qui aderant, itinere
ac vigiliis fessi, intolerantissima laboris corpora, vix
arma umeris gestabant; et iam diei medium erat, sit-
17 isque et calor hiantes caedendos capiendosque adfatim
1 praebebat. XLIX. Elephanti plures ab ipsis rectoribus
quam ab hoste interfecti. Fabrile scalprum cum malleo
habebant; id, ubi saevire beluae ac ruere in suos coeperant, magister inter aures positum, ipso in articulo, quo
iungitur capiti cervix, quanto maximo poterat ictu
2 adigebat. Ea celerrima via mortis in tantae molis
belua inventa erat, ubi regentis imperium sprevissent,

---

11. regi: sc. *elephanti;* historical
infinitive. **navibus**: dative with
dissimiliter, for which *dissimiles*
might have been used.
13. stationem: "picketing."
16. pars aberant: see 21. 27. 9.

corpora: in loose apposition to
(*Galli*) *qui aderant.*
XLIX. 1. fabrile scalprum: an
artisan's chisel.
2. regentis: =*magistri.*

primusque id Hasdrubal instituerat, dux cum saepe alias
3 memorabilis, tum illa praecipue pugna. Ille pugnantes
hortando pariterque obeundo pericula sustinuit, ille
fessos abnuentesque taedio et labore nunc precando
nunc castigando accendit; ille fugientes revocavit omis-
4 samque pugnam aliquot locis restituit; postremo, cum
haud dubie fortuna hostium esset, ne superstes tanto
exercitui suum nomen secuto esset, concitato equo se in
cohortem Romanam inmisit. Ibi, ut patre Hamilcare
et Hannibale fratre dignum erat, pugnans cecidit.

5 　　Numquam eo bello una acie tantum hostium inter-
fectum est, redditaque aequa Cannensi clades vel ducis
6 vel exercitus interitu videbatur. Quinquaginta sex milia
hostium occisa, capta quinque milia et quadringenti;
magna praeda alia cum omnis generis, tum auri etiam
7 argentique. Civium etiam Romanorum, qui capti apud
hostes erant, supra quattuor milia capitum recepta.
Id solacii fuit pro amissis eo proelio militibus. Nam
8 haudquaquam incruenta victoria fuit: octo ferme milia
Romanorum sociorumque occisa; adeoque etiam victores
sanguinis caedisque ceperat satietas, ut postero die, cum
esset nuntiatum Livio consuli Gallos Cisalpinos Liguresque, qui aut proelio non adfuissent aut inter caedem
effugissent, uno agmine abire sine certo duce, sine
signis, sine ordine ullo aut imperio; si una equitum ala
9 mittatur, posse omnes deleri: 'Supersint' inquit, 'aliqui
nuntii et hostium cladis et nostrae virtutis.'

1 　　L. Nero ea nocte, quae secuta est pugnam, profectus citatiore quam inde venerat agmine die sexto
2 ad stativa sua atque ad hostem pervenit. Iter eius
frequentia minore, quia nemo praecesserat nuntius,
laetitia vero tanta, vix ut compotes mentium prae
3 gaudio essent, celebratum est. Nam Romae neuter

---

7. **capitum:** see 16.7. **id solacii:**　　L. 1. hostem: i.e. Hannibal.
=*id solacium.*　　　　　　　　　　2. compotes mentium: "sane."

animi habitus satis dici enarrarique potest, nec quo
incerta expectatione eventus civitas fuerat, nec quo
4 victoriae famam accepit. Numquam per omnis dies,
ex quo Claudium consulem profectum fama attulit,
ab orto sole ad occidentem aut senator quisquam a
curia atque ab magistratibus abscessit aut populus e
5 foro. Matronae, quia nihil in ipsis opis erat, in preces
obtestationesque versae, per omnia delubra vagae sup-
6 pliciis votisque fatigare deos. Tam sollicitae ac sus-
pensae civitati fama incerta primo accidit duos Nar-
nienses equites in castra, quae in faucibus Umbriae
opposita erant, venisse ex proelio nuntiantes caesos
7 hostes. Et primo magis auribus quam animis id acceptum erat ut maius laetiusque, quam quod mente
capere aut satis credere possent, et ipsa celeritas fidem
impediebat, quod biduo ante pugnatum dicebatur.
8 Litterae deinde ab L. Manlio Acidino missae ex castris
9 adferuntur de Narniensium equitum adventu. Hae litterae per forum ad tribunal praetoris latae senatum
curia exciverunt; tantoque certamine ac tumultu populi
ad fores curiae concursum est, ut adire nuntius non
posset, sed traheretur a percunctantibus vociferantibus-
que, ut in rostris prius quam in senatu litterae reci-
10 tarentur. Tandem summoti et coerciti a magistratibus,
dispensarique laetitia inter inpotentes eius animos
11 potuit. In senatu primum, deinde in contione litterae
recitatae sunt; et pro cuiusque ingenio aliis iam certum gaudium, aliis nulla ante futura fides erat, quam
1 legatos consulumve litteras audissent. LI. Ipsos deince
adpropinquare legatos adlatum est. Tunc enim vero

---

3. **quo**: sc. *habitu animi.*
4. **ex** quo: sc. *tempore.*
6. **in faucibus Umbriae**: at Nar-
nia; see 43. 9. L. Manlius Acidinus
was probably in command (8).
9. **in rostris**: i.e. before the peo-

ple in the forum = *in contione*
(11).
11. **eius**: sc. *laetitiae.* The figure
of the distribution of gifts or money,
implied in *dispensari*, is continued.

omnis aetas currere obvii, primus quisque oculis auri-
2 busque haurire tantum gaudium cupientes. Ad Mul-
3 vium usque pontem continens agmen pervenit. Legati
— ii erant L. Veturius Philo P. Licinius Varus Q. Cae-
cilius Metellus — circumfusi omnis generis hominum
frequentia in forum pervenerunt, cum alii ipsos, alii
4 comites eorum, quae acta essent, percunctarentur. Et
ut quisque audierat exercitum hostium imperatorem-
que occisum, legiones Romanas incolumes, salvos consules esse, extemplo aliis porro impertiebant gaudium
5 suum. Cum aegre in curiam perventum esset, multo
aegrius summota turba, ne patribus misceretur, litterae
in senatu recitatae sunt. Inde traducti in contionem
6 legati. L. Veturius litteris recitatis ipse planius omnia,
quae acta erant, exposuit cum ingenti adsensu, postremo etiam clamore universae contionis, cum vix
7 gaudium animis caperent. Discursum inde ab aliis
circa templa deum, ut grates agerent, ab aliis domos, ut
coniugibus liberisque tam laetum nuntium impertirent.
8 Senatus, quod M. Livius et C. Claudius consules incolumi exercitu ducem hostium legionesque occidissent,
supplicationem in triduum decrevit. Eam supplicationem C. Hostilius praetor pro contione edixit, celebra-
9 taque a viris feminisque est; omniaque templa per
totum triduum aequalem turbam habuere, cum matronae amplissima veste cum liberis, perinde ac si debellatum foret, omni solutae metu deis immortalibus
grates agerent.
11   C. Claudius consul cum in castra redisset, caput

LI. 1. omnis aetas: =*homines
omnis aetatis.* obvii: agreement according to sense.

3. ipsos: i.e. *legatos.*

5. misceretur: =*immisceretur;* a
poetic usage which is common in
Silver Latin. The dative *patribus*
is used as it would have been with

the compound verb.

7. grates: see 23. 11. 12.

8. occidissent: subjective because the reason is quoted from the
decree.

9. amplissima veste: "in holi-
day garb."

Hasdrubalis, quod servatum cum cura attulerat, proici
ante hostium stationes captivosque Afros vinctos, ut
erant, ostendi, duos etiam ex iis solutos ire ad Hannibalem et expromere, quae acta essent, iussit. Hanni- 12
bal, tanto simul publico familiarique ictus luctu, agnos-
cere se fortunam Carthaginis fertur dixisse; castrisque 13
inde motis, ut omnia auxilia, quae diffusa latius tueri
non poterat, in extremum Italiae angulum contraheret,
in Bruttium agrum traduxit.

---

11. **solutos:** sc. *vinculis.*
12. The heartless brevity with
which the pathos of Hannibal's situ-
ation is depicted is in striking contrast to the rhetorical account of
the rejoicing at Rome.

TITI LIVI

AB URBE CONDITA

LIBER XXVIII

1 XII. Cum Hannibale nihil eo anno rei gestum est.
Nam neque ipse se obtulit in tam recenti volnere publico privatoque neque lacessierunt quietum Romani:
tantam inesse vim, etsi omnia alia circa eum ruerent,
2 in uno illo duce censebant. Ac nescio an mirabilior
3 adversis quam secundis rebus fuerit, quippe qui, cum
in hostium terra per annos tredecim tam procul ab
domo varia fortuna bellum gereret exercitu non suo
civili, sed mixto ex conluvione omnium gentium, quibus
non lex, non mos, non lingua communis, alius habitus,
4 alia vestis, alia arma, alii ritus, alia sacra, alii prope
dei essent, ita quodam uno vinculo copulaverit eos, ut
5 nulla nec inter ipsos nec adversus ducem seditio ex-
titerit, cum et pecunia saepe in stipendium et commeatus in hostium agro deessent, quorum inopia priore
Punico bello multa infanda inter duces militesque
6 commissa fuerant. Post Hasdrubalis vero exercitum
cum duce, in quibus spes omnis reposita victoriae
fuerat, deletum cedendoque in angulum Bruttium cetera

XII. **1-9.** The Greatness of Hannibal Shown in Defeat.

3. quippe: introduces the relative clause to show the causal rela-
tion. **civili:** composed of his fellow-
citizens (Carthaginians). **conluvione:** see 22. 43. 2.

4. inter ipsos: =*inter se.*

5. multa infanda: e.g. in the
Bellum Africum; see 21. 1. 4.

6. quibus: refers to both *exercitum* and *duce.* **concessum:** used
impersonally. Compare *auditum,*
27. 45. 4.

Italia concessum, cui non videatur mirabile nullum
motum in castris factum? Nam ad cetera id quoque 7
accesserat, ut ne alendi quidem exercitus nisi ex Bruttio
agro spes esset, qui, ut omnis coleretur, exiguus tamen
tanto alendo exercitui erat; tum magnam partem iuven-
tutis abstractam a cultu agrorum bellum occupaverat 8
et mos vitio etiam insitus genti per latrocinia militiam
exercendi. Nec ab domo quicquam mittebatur de 9
Hispania retinenda sollicitis, tam quam omnia prospera
in Italia essent.

XXXVIII. Haec in Hispania P. Scipionis ductu 1
auspicioque gesta. Ipse L. Lentulo et L. Manlio Acidino provincia tradita decem navibus Romam rediit
et senatu extra urbem dato in aede Bellonae, quas res 2
in Hispania gessisset, disseruit, quotiens signis conlatis
dimicasset, quot oppida ex hostibus vi cepisset, quas
gentes in dicionem populi Romani redegisset: adversus
quattuor se imperatores, quattuor victores exercitus 3
in Hispaniam isse, neminem Carthaginiensem in iis
terris reliquisse. Ob has res gestas magis temptata 4
est triumphi spes quam petita pertinaciter, quia neminem ad eam diem triumphasse, qui sine magistratu res
gessisset, constabat. Senatu misso urbem est ingressus 5
argentique prae se in aerarium tulit decem quattuor
milia pondo trecenta quadraginta duo et signati argenti magnum numerum. Comitia inde creandis con- 6

---

7. ut . . . coleretur: concessive.
8. vitio: "by a fault of nature."
genti: dative with *insitus*.
9. sollicitis: sc. *Poenis*.

XXXVIII. 1-10. Scipio's Triumph. He is Chosen Consul.

1. haec in Hispania: Scipio's
operations during the year 206 B.C.
resulted in the practical expulsion
of the Carthaginians from Spain
(XXVIII. Chap. 1-4, 12-37). L. Len-

tulus and L. Manlius Acidinus, ex-
praetors, were sent to Spain with
proconsular power. extra urbem:
as general, he could not enter the
city; nor could he disband his army
without giving up the hope of a triumph.

4. sine magistratu: Scipio was
sent to Spain as proconsul, although
he had never held the consulship.

5. pondo: see 26. 14. 8.

sulibus habuit L. Veturius Philo, centuriaeque omnes
7 ingenti favore P. Scipionem consulem dixerunt; collega
additur ei P. Licinius Crassus pontifex maximus. Ceterum comitia maiore quam ulla per id bellum celebrata
8 frequentia proditum memoriae est: convenerant undique non suffragandi modo, sed etiam spectandi causa
P. Scipionis, concurrebantque et domum frequentes et
in Capitolium ad immolantem eum, cum centum bubus
votis in Hispania Iovi sacrificaret, despondebantque
9 animis, sicut C. Lutatius superius bellum Punicum
finisset, ita id, quod instaret, P. Cornelium finiturum
10 atque, uti Hispania omni Poenos expulisset, sic Italia
pulsurum esse, Africamque ei, perinde ac debellatum
in Italia foret, provinciam destinabant.

22   XXXIX. Tum de re publica, de exercitibus scriben-
1 dis, de provinciis relatum. XL. Cum Africam novam provinciam extra sortem P. Scipioni destinari homines fama
ferrent, et ipse nulla iam modica gloria contentus non
ad gerendum modo bellum, sed ad finiendum diceret
2 se consulem declaratum esse, neque aliter id fieri posse,
quam si ipse in Africam exercitum transportasset, et
acturum se id per populum aperte ferret, si senatus
adversaretur, — id consilium haudquaquam primoribus
patrum cum placeret, ceteri per metum aut ambitionem
3 mussarent, Q. Fabius Maximus rogatus sententiam:
'Scio multis vestrum videri, patres conscripti, rem

---

6. L. Veturius Philo: one of the consuls of 206 B.C.

8. domum: sc. *Scipionis.*

9. C. Lutatius: consul of 241 B.C., who won the naval victory off the Aegates island.

10. debellatum foret: "the war had been finished."

XXXIX. 22.-XLII. Fabius Opposes Scipio's Plan of Carrying the War into Africa.

1. extra sortem: his colleague,

P. Licinius Crassus, as *pontifex maximus* was forbidden by law to leave Rome. **finiendum:** sc. *bellum.*

2. per populum: i.e. before the *comitia centuriata.*

3. rem actam ... agi: a popular proverb, frequent in comedy; to discuss a matter already settled. "To flog a dead horse." "To slay the slain." illustrates the *figura etymologica.*

actam hodierno die agi, et frustra habiturum orationem, qui tanquam de integra re de Africa provincia sententiam dixerit. Ego autem primum illud ignoro, 4 quem ad modum certa iam provincia Africa consulis viri fortis ac strenui sit, quam nec senatus censuit in hunc annum provinciam esse nec populus iussit. Deinde, 5 si est, consulem peccare arbitror, qui de re transacta simulando se referre senatum ludibrio habet, non senatorem, qui de quo consulitur suo loco dicit sententiam. Atque ego certum habeo dissentienti mihi ab 6 ista festinatione in Africam traiciendi duarum rerum subeundam opinionem esse: unius, insitae ingenio meo 7 cunctationis, quam metum pigritiamque homines adulescentes sane appellent, dum me ne paeniteat adhuc aliorum speciosiora primo aspectu consilia semper visa, mea usu meliora; alterius, obtrectationis atque invidiae 8 adversus crescentem in dies gloriam fortissimi consulis. A qua suspicione si me neque vita acta et mores mei 9 neque dictatura cum quinque consulatibus tantumque gloriae belli domique partae vindicat, ut propius fastidium eius sim quam desiderium, aetas saltem liberet. Quae enim mihi aemulatio cum eo esse potest, qui ne filio quidem meo aequalis sit?

XLI. Illud te mihi ignoscere, P. Corneli, aequum erit, 1 si, cum in me ipso numquam pluris famam hominum quam rem publicam fecerim, ne tuam quidem gloriam bono publico praeponam; quamquam, si aut bellum nullum in Italia aut is hostis esset, ex quo victo nihil 2 gloriae quaereretur, qui te in Italia retineret, etsi id bono

---

5. **senatorem:** sc. *peccare.* **suo loco:** "at the proper time."

7. **unius (rei):** in apposition with *duarum rerum* (6), as is also *alterius* (8). **ingenio:** cf. 22. 3. 4. **usu:** ablative of specification; "in actual experience."

9. **propius:** see 21. 1. 2.

XLI. 1. **pluris:** genitive of indefinite value.

2. **qui:** =*si quis.* **ire ereptum:** a future active infinitive (=*ereptum esse*) analogous to the passive *ereptum iri;* cf. *ire oppugnatum,* § 9. **posset:** its subject is the antecedent of *qui . . . retineret.*

publico faceret, simul cum bello materiam gloriae
3 tuae ire ereptum videri posset. Cum vero Hannibal
hostis incolumi exercitu quartum decimum annum
Italiam obsideat, paenitebit te, P. Corneli, gloriae tuae,
si hostem eum, qui tot funerum, tot cladium nobis
causa fuit, tu consul Italia expuleris et, sicut penes
C. Lutatium prioris Punici perpetrati belli titulus fuit,
4 ita penes te huius fuerit? Nisi aut Hamilcar Hannibali
dux est praeferundus aut illud bellum huic, aut victoria
illa maior clariorque quam haec — modo contingat,
8 ut te consule vincamus — futura est. Quin igitur ad
hoc accingeris nec per istos circumitus, ut, cum in
Africam traieceris, secuturum te illuc Hannibalem
speres potius quam recto hinc itinere, ubi Hannibal est,
eo bellum intendis, si egregiam istam palmam belli
9 Punici patrati petis? Hoc et natura prius est, tua cum
defenderis, aliena ire oppugnatum; pax ante in Italia
quam bellum in Africa sit, et nobis prius decedat timor
10 quam ultro aliis inferatur. Si utrumque tuo ductu
auspicioque fieri potest, Hannibale hic victo illic Carthaginem expugna; si altera utra victoria novis consulibus relinquenda est, prior cum maior clariorque, tum
11 causa etiam insequentis fuerit. Nam nunc quidem,
praeterquam quod et in Italia et in Africa duos diversos
12 exercitus alere aerarium non potest, praeterquam quod,
unde classes tueamur, unde commeatibus praebendis
sufficiamus, nihil reliqui est, quid? Periculi tandem
13 quantum adeatur, quem fallit? P. Licinius in Italia,

---

8. **paenitebit te**: "will you be dissatisfied with?" **Lutatium**: see 38. 9. **perpetrati belli**: see Introduction VIII. 7.

8. **quin**: "why not?" *Qui* (ablative of the interrogative) and *ne* (originally used in sense of *non*). **accingeris**: middle voice. The expression is colloquial, frequent in comedy. Translate "Why don't you come to the point?" **circumitus**: "sophistry." **patrati**: =*perpetrati* (3).

10. **altera utra**: or *alterutra*; "one or the other."

12. **unde**: its antecedent is *nihil reliqui*. A potential descriptive clause.

P. Scipio bellum in Africa geret: quid? Si — quod
omnes dei omen avertant et dicere etiam reformidat
animus, sed quae acciderunt accidere possunt — victor
Hannibal ire ad urbem perget, tum demum te consulem
ex Africa, sicut Q. Fulvium a Capua, arcessemus?
XLII. Non potes ne ipse quidem dissimulare, ubi Hannibal sit, ibi caput atque arcem huius belli esse, quippe qui
prae te feras eam tibi causam traiciendi in Africam esse,
ut Hannibalem eo trahas: sive hic igitur sive illic, cum
Hannibale est tibi futura res. Utrum tandem ergo
firmior eris in Africa solus an hic tuo conlegaeque tui
exercitu coniuncto? Ne Claudius quidem et Livius
consules tam recenti exemplo, quantum id intersit,
documento sunt? Quid? Hannibalem utrum tandem
extremus angulus agri Bruttii, frustra iam diu poscen-
tem ab domo auxilia, an propinqua Carthago et tota
socia Africa potentiorem armis virisque faciet? Quod
istud consilium est, ibi malle decernere, ubi tuae dimidio
minores copiae sint, hostium multo maiores, quam
ubi duobus exercitibus adversus unum tot proeliis et
tam diuturna ac gravi militia fessum pugnandum sit?
Quam compar consilium tuum parentis tui consilio sit,
reputa.   Ille consul profectus in Hispaniam, ut Hannibali
ab Alpibus descendenti occurreret, in Italiam ex provincia rediit: tu, cum Hannibal in Italia sit, relinquere
Italiam paras, non quia rei publicae id utile, sed quia
tibi amplum et gloriosum censes esse, sicut cum provincia et exercitu relicto sine lege, sine senatus consulto
duabus navibus populi Romani imperator fortunam

---

13. **Q. Fulvium:** see 26. Chap. 8.
XLII. 17. **hic:** adverb, i.e. in
Italy. **Claudius et Livius consules:** see 27. 43-51. **documento:**
see 26. 5. 2. It is explained by *quantum . . . intersit.*

19. **dimidio:** ablative of measure
of difference. **unum . . . fessum:**

sc. *exercitum.*

20. **ille consul:** see 21. 32. 5.
21. **fortunam . . . commisisti:**
a year previous Scipio crossed from
Spain to Africa to win the friendship and alliance of the powerful
Numidian king, Syphax (Chapters
17-19).

publicam et maiestatem imperii, quae tum in tuo capite
22 periclitabantur, commisisti. Ego P. Cornelium rei
publicae nobisque, non sibi ipsi privatim creatum consulem existimo, exercitusque ad custodiam urbis atque
Italiae scriptos esse, non quos regio more per superbiam
consules, quo terrarum velint, traiciant.'

1   XLIII. Cum oratione ad tempus parata Fabius
tum auctoritate et inveterata prudentiae fama magnam
partem senatus, et seniores maxime cum movisset,
pluresque consilium senis quam animum adulescentis
2 ferocem laudarent, Scipio ita locutus fertur: 'Et ipse
Q. Fabius principio orationis, patres conscripti, commemoravit in sententia sua posse obtrectationem
3 suspectam esse; cuius ego rei non tam ipse ausim
tantum virum insimulare, quam ea suspicio, vitio ora-
5 tionis an rei, haud sane purgata est. Sic senem se
perfunctumque et me infra aetatem fili etiam sui posuit,
tamquam non longius, quam quantum vitae humanae
spatium est, cupiditas gloriae extendatur maximaque
pars eius in memoriam ac posteritatem promineat.
6 Maximo cuique id accidere animo certum habeo, ut se
non cum praesentibus modo sed cum omnis aevi claris
7 viris comparent. Equidem haud dissimulo me tuas,
Q. Fabi, laudes non adsequi solum velle, sed — bona
venia tua dixerim —, si possim, etiam exsuperare.
8 Illud nec tibi in me nec mihi in minoribus natu animi
sit, ut nolimus quemquam nostri similem evadere
civem; id enim non eorum modo, quibus inviderimus,

---

22. terrarum: partitive genitive
with *quo;* "to whatever part of the
world." Portions of Fabius's speech
have been omitted, but the main
argument has been preserved.
XLIII. 1-16. XLIV. Scipio's Reply.
   1. cum oratione: *cum* is correlative with *tum.*
   3. ausim: =*ausus sim.* **vitio ...**

rei: =*incertum est utrum vitio orationis an rei.*
   5. perfunctumque: sc. *honori-
bus.* **posuit:** "represented."
   6. maximo cuique . . . animo:
"this is the thought of all great
men."
   7. dixerim: subjunctive of ideal
certainty in a softened assertion.

sed rei publicae et paene omnis generis humani detri-
mentum sit. Commemoravit, quantum essem periculi 9
aditurus, si in Africam traicerem, ut meam quoque,
non solum rei publicae et exercitus vicem videretur
sollicitus. Unde haec repente de me cura exorta? 10
Cum pater patruusque meus interfecti, cum duo exercitus eorum prope occidione occisi essent, cum amissae
Hispaniae, cum quattuor exercitus Poenorum quattuor-
que duces omnia metu armisque tenerent, cum quaesi- 11
tus ad id bellum imperator nemo se ostenderet praeter
me, nemo profiteri nomen ausus esset, cum mihi quattuor et viginti annos nato detulisset imperium populus
Romanus, quid ita tum nemo aetatem meam, vim 12
hostium, difficultatem belli, patris patruique recentem
cladem commemorabat? Utrum maior aliqua nunc in
Africa calamitas accepta est, quam tunc in Hispania
erat? An maiores nunc sunt exercitus in Africa et 13
duces plures melioresque, quam tunc in Hispania
fuerunt? An aetas mea tunc maturior bello gerendo
fuit, quam nunc est? An cum Carthaginiensi hoste 14
in Hispania quam in Africa bellum geri aptius est?
Facile est post fusos fugatosque quattuor exercitus
Punicos, post tot urbes vi captas aut metu subactas in
dicionem, post perdomita omnia usque ad Oceanum, 15
tot regulos, tot saevas gentes, post receptam totam Hispaniam ita, ut vestigium belli nullum reliquum sit,
elevare meas res gestas, tam hercule, quam, si victor
ex Africa redierim, ea ipsa elevare, quae nunc retinendi 16
mei causa, ut terribilia eadem videantur, verbis ex-
tolluntur.

XLIV. Sed quid ultro metum inferre hosti et ab 1

---

9. **meam**: sc. *vicem;* "for my
sake." **vicem**: accusative of respect.
10. **occidione occisi**: see 22. 54. 7.
11. **profiteri nomen**: see 26. 18. 4.

15. **elevare**: "to disparage."
16. **elevare**: sc. *facile sit.*
XLIV. 1. **inferre, adducere**:
subjects of *quale sit.* **se**: refers to the
indefinite subject of the infinitive.

se remoto periculo alium in discrimen adducere quale
sit, veteribus externisque exemplis admonere opus est?
Maius praesentiusve ullum exemplum esse quam Han-
2 nibal potest? Multum interest, alienos populere fines
an tuos uri et excindi videas; plus animi est inferenti
periculum quam propulsanti; ad hoc maior ignotarum
3 rerum est terror; bona malaque hostium ex pro-
4 pinquo ingressus fines aspicias. Non speraverat Hannibal fore, ut tot in Italia populi ad se deficerent, quot
defecerunt post Cannensem cladem; quanto minus
quicquam in Africa Carthaginiensibus firmum aut
stabile sit, infidis sociis, gravibus ac superbis dominis!
5 Ad hoc nos, etiam deserti ab sociis, viribus nostris,
milite Romano stetimus; Carthaginiensi nihil civilis
roboris est, mercede paratos milites habent, Afros Numidasque, levissima fidei mutandae ingenia. Hic modo
6 nihil morae sit: una et traiecisse me audietis et ardere
bello Africam et obsideri Carthaginem. Laetiores
et frequentiores ex Africa expectate nuntios quam ex
7 Hispania accipiebatis. Has mihi spes subicit fortuna
populi Romani, di foederis ab hoste violati testes,
Syphax et Masinissa reges, quorum ego fidei ita innitar,
8 ut bene tutus a perfidia sim. Multa, quae nunc ex
intervallo non apparent, bellum aperiet. Et id est viri
et ducis, non deesse fortunae praebenti se et oblata
9 casu flectere ad consilium. Habebo, Q. Fabi, parem,
quem das, Hannibalem; sed illum ego potius traham,
quam ille me retineat; in sua terra cogam pugnare eum,
et Carthago potius praemium victoriae erit quam
10 semiruta Bruttiorum castella. Ne quid interim, dum

2. inferenti: see 21. 44. 3.

3. aspicias: potential with the indefinite second person.

4. sociis, dominis: in apposition with *Carthaginiensibus*.

5. ingenia: in loose apposition with *Afros Numidasque*. fidei mutandae: dative.

6. una: "at one and the same time."

8. ex intervallo: "at a distance."

9. retineat: anticipatory subjunctive, introduced by *potius quam*.

traicio, **dum** expono exercitum in Africa, dum castra ad
Carthaginem promoveo, res publica hic detrimenti
capiat, quod tu, Q. Fabi, cum victor tota volitaret
Italia Hannibal, potuisti praestare, hoc vide ne con- 11
tumeliosum sit concusso iam et paene fracto Hannibale
negare posse P. Licinium consulem, virum fortissimum,
praestare, qui, ne a sacris absit pontifex maximus, ideo
in sortem tam longinquae provinciae non venit. Si
hercules nihilo maturius hoc, quo ego censeo, modo 12
perficeretur bellum, tamen ad dignitatem populi Romani
famamque apud reges gentesque externas pertinebat,
non ad defendendam modo Italiam, sed ad inferenda
etiam Africae arma videri nobis animum esse, nec hoc 13
credi vulgarique, quod Hannibal ausus sit, neminem
ducem Romanum audere, et priore Punico bello tum,
cum de Sicilia certaretur, totiens Africam ab nostris
exercitibusque et classibus oppugnatam, nunc, cum de
Italia certetur, Africam pacatam esse. Requiescat ali- 14
quando vexata 'am diu Italia, uratur evasteturque in 15
vicem Africa; castra Romana potius Carthaginis portis
immineant, quam nos iterum vallum hostium ex moenibus nostris videamus; Africa sit reliqui belli sedes, illuc
terror fugaque, populatio agrorum, defectio sociorum,
ceterae belli clades, quae in nos per quattuordecim
annos ingruerunt, vertantur. Quae ad rem publicam 16
pertinent et bellum, quod instat, et provincias, de
quibus agitur, dixisse satis est; illa longa oratio nec ad 17
vos pertinens sit, si, quem ad modum Q. Fabius meas
res gestas in Hispania elevavit, sic ego contra gloriam
eius eludere et meam verbis extollere velim. Neutrum 18
faciam, patres conscripti, et, si nulla alia re, modestia

---

10. **ne ... capiat:** object of *posse
praestare* (11). In apposition is the
relative clause, *quod potuisti praestare.*

11. **P. Licinium:** see note to 40. 1.
12. **quo:** sc. *modo.* **censeo:** sc.
bellum perficiendum.
13. **totiens:** see note to 21. 53. 5.

certe et temperando linguae adulescens senem vicero.
Ita et vixi et gessi res, ut tacitus ea opinione, quam
vestra sponte conceptam animis haberetis, facile contentus essem.'

---

18. vicero: the future perfect is equivalent to an emphatic future. The dispute was finally settled amicably by the senate: *Provinciae ita decretae: alteri consuli Sicilia . . . permissumque ut in Africam, si id e re publica esse censeret, traiceret; alteri Bruttii et bellum cum Hannibale. 45. 8.* The command of the expedition into Africa then naturally fell to Scipio, as his colleague could not leave Italy. See note to 40. 1.

TITI LIVI

AB URBE CONDITA

LIBER XXIX

XXVI. Multae classes Romanae e Sicilia atque 1
ipso illo portu profectae erant; ceterum non eo bello
solum — nec id mirum, praedatum enim tantummodo
pleraeque classes ierant —, sed ne priore quidem ulla
profectio tanti spectaculi fuit; concurrerat ad spectacu- 7
lum in portum omnis turba non habitantium modo
Lilybaei, sed legationum omnium ex Sicilia, quae et ad
prosequendum Scipionem officii causa convenerant et
praetorem provinciae M. Pomponium secutae fuerant;
ad hoc legiones, quae in Sicilia relinquebantur, ad 8
prosequendos commilitones processerant; nec classis
modo prospectantibus e terra, sed terra etiam omnis
circa referta turba spectaculo navigantibus erat.

XXVII. Ubi illuxit, Scipio e praetoria nave si- 1
lentio per praeconem facto 'divi divaeque,' inquit
'qui maria terrasque colitis, vos precor quaesoque,
uti quae in meo imperio gesta sunt, geruntur postque 2
gerentur, ea mihi, populo plebique Romanae, sociis
nominique Latino, qui populi Romani quique meam
sectam, imperium auspiciumque terra mari secuntur,
bene verruncent, eaque vos omnia bene iuvetis, bonis

XXVI. 1. 7. 8. XXVII. 1-13.
Scipio Sets Sail for Africa.

1. **portu:** Scipio sets sail from
Lilybaeum. **spectaculi:** descriptive genitive. The dative, as in § 8,
would be expected.

7. **Lilybaei:** locative, *habitantium*
being used intransitively.

8. **classis:** sc. *spectaculo erat*.

XXVII. 2. **verruncent:** =*eveni-
ant*. Notice the number of archaic
forms in this passage, as is natural

3 auctibus auxitis; salvos incolumesque victis perduellibus
victores, spoliis decoratos, praeda onustos triumphantesque mecum domos reduces sistatis; inimicorum hos-
4 tiumque ulciscendorum copiam faxitis; quaeque populus
Carthaginiensis in civitatem nostram facere molitus est,
ea ut mihi populoque Romano in civitatem Carthagini-
5 ensium exempla edendi facultatem detis.' Secundum
has preces cruda exta caesa victima, uti mos est, in mare
6 proiecit tubaque signum dedit proficiscendi. Vento
secundo vehementi satis profecti celeriter e conspectu
terrae ablati sunt; et a meridie nebula excepit ita, vix
ut concursus navium inter se vitarent; lenior ventus in
7 alto factus. Noctem insequentem eadem caligo obtinuit; sole orto est discussa, et addita vis vento. Iam
8 terram cernebant. Haud ita multo post gubernator
Scipioni ait non plus quinque milia passuum Africam
abesse, Mercuri promunturium se cernere; si iubeat eo
9 dirigi, iam in portu fore omnem classem. Scipio, ut in
conspectu terra fuit, precatus deos, uti bono rei publicae suoque Africam videret, dare vela et alium infra
10 navibus accessum petere iubet. Vento eodem fereban-
tur; ceterum nebula sub idem ferme tempus, quo pridie,
exorta conspectum terrae ademit, et ventus premente
11 nebula cecidit. Nox deinde incertiora omnia fecit.
Itaque ancoras, ne aut inter se concurrerent naves aut
12 terrae inferrentur, iecere. Ubi inluxit, ventus idem
coortus nebula disiecta aperuit omnia Africae litora.
Scipio, quod esset proximum promunturium, percuncta-

---

in the language of religious formulae. **auxitis:** an old aorist optative=*auxeritis.* **auctibus auxitis:**
figura etymologica.

　3. perduellibus: =*hostibus. Duellum* is the archaic form of *bellum.*
faxitis: cf. *auxitis,* 2.

　4. exempla: in apposition with
ea.

5. cruda exta: as was usual in
offerings to divinities of the sea; in
case of other sacrifices, the organs
were burned. Cf. Vergil, *Aen.,* 5.
235 ff.

　9. bono: ablative of attendant
circumstances.

　10. premente: sc. *lucem.* The
fog became more dense.

tus cum Pulchri promunturium id vocari audisset, 'Placet omen' inquit; 'huc dirigite naves.' Eo 12 classis decurrit, copiaeque omnes in terram expositae sunt.

XXVIII. Expositis copiis Romani castra in proxi- 1 mis tumulis metantur. Iam non in maritimos modo 2 agros conspectu primum classis, dein tumultu egredientium in terram pavor terrorque pervenerat, sed in ipsas urbes. Neque enim hominum modo turba, 3 mulierum puerorumque agminibus immixta, omnes passim compleverat vias, sed pecora quoque prae se agrestes agebant, ut relinqui subito Africam diceres. Urbibus vero ipsis maiorem, quam quem secum attu- 4 lerant, terrorem inferebant; praecipue Carthagini prope ut captae tumultus fuit. Nam post M. Atilium Regu- 5 lum et L. Manlium consules, annis prope quinquaginta, nullum Romanum exercitum viderant praeter praedatorias classes, quibus escensiones in agros maritimos factae erant, raptisque, quae obvia fors fecerat, prius 6 recursum semper ad naves, quam clamor agrestes conciret, fuerat; eo maior tum fuga pavorque in urbe 7 fuit. Et hercule neque exercitus domi validus neque dux, quem opponerent, erat. Hasdrubal Gisgonis filius genere, fama, divitiis, regia tum etiam adfinitate longe primus civitatis erat; sed eum ab ipso illo Scipione 8 aliquot proeliis fusum pulsumque in Hispania meminerant, nec magis ducem duci parem quam tumultuarium exercitum suum Romano exercitui esse. Itaque, 9

---

12. Pulchri Promunturium: called also *Promunturium Apollinis*, at the northwestern corner of the Bay of Carthage. It is directly opposite the *Mercuri Promunturium*, § 8.

XXVIII. XXIX. 1-4. Panic of the Carthaginians. First Engagement.

3. diceres: generalizing second person, potential of the past: "so that you might have said."

4. captae: sc. *urbis*.

5. M. Atilium Regulum et L. Manlium consules: 256 b.c.

6. recursum fuerat: impersonal.

7. regia adfinitate: Hasdrubal's daughter was the wife of King Syphax.

velut si urbem extemplo adgressurus Scipio foret, ita
conclamatum ad arma est, portaeque raptim clausae
et armati in muris vigiliaeque et stationes dispositae,
10 ac nocte insequenti vigilatum est. Postero die quingenti equites, speculatum ad mare turbandosque egre-
dientes ex navibus missi, in stationes Romanorum
11 inciderunt. Iam enim Scipio classe Uticam missa ipse
haud ita multum progressus a mari tumulos proximos
ceperat; equites et in stationibus locis idoneis posuerat
1 et per agros miserat praedatum. XXIX. Hi cum Carthaginiensi equitatu proelium cum commisissent, paucos in ipso certamine, plerosque fugientes persecuti,
in quibus praefectum quoque Hannonem, nobilem
2 iuvenem, occiderunt. Scipio non agros modo circa
vastavit, sed urbem etiam proximam Afrorum satis
3 opulentam cepit, ubi praeter cetera, quae extemplo in.
naves onerarias imposita missaque. in Siciliam erant,
octo milia liberorum servorumque capitum sunt capta.
4 Laetissimus tamen Romanis in principio rerum gerendarum adventus fuit Masinissae; quem quidam cum
ducentis haud amplius equitibus, plerique cum duum
milium equitatu tradunt venisse.

---

9. nocte insequenti: see Introduction VIII. 3 (c).
10. turbandosque: the omission
of ad is strange.
XXIX. 3. capitum: see 27. 16. 7.
4. Masinissae: a Numidian king,
formerly an ally of Carthage, but
won over to the Romans by Scipio
during his campaign in Spain.
Throughout the rest of his long life
he remained loyal to Rome and
strongly attached to the family of
the Scipios. See Cicero, Cato Maior,
10. 34.

TITI LIVI

AB URBE CONDITA

LIBER XXX

I. Cn. Servilius et C. Servilius consules — sextus 1
decimus is annus belli Punici erat — cum de re publica
belloque et provinciis ad senatum rettulissent, censuerunt patres, ut consules inter se compararent sortiren-
turve, uter Bruttios adversus Hannibalem, uter Etruriam ac Ligures provinciam haberet. P. Scipioni non 10
temporis, sed rei gerendae fine, donec debellatum in
Africa foret, prorogatum imperium est, decretumque,
ut supplicatio fieret, quod is in Africam provinciam 11
traiecisset, ut ea res salutaris populo Romano ipsique
duci atque exercitui esset.

III. His transactis consules praetoresque in pro- 1
vincias profecti. Omnibus tamen, velut eam sortitis,
Africae cura erat, seu quia ibi summam rerum bellique
verti cernebant seu ut Scipioni gratificarentur, in quem
tum omnis versa civitas erat. Itaque non ex Sardinia 2
tantum, sed ex Sicilia quoque et Hispania vestimenta
frumentumque, et arma etiam ex Sicilia et omne genus
commeatus eo portabantur. Nec Scipio ullo tempore 3
hiemis belli opera remiserat, quae multa simul undique
eum circumstabant: Uticam obsidebat; castra in con-

I. 1. 10. 11. III. 1-5. Plans
of the Romans for 203 B.C.
  1. consules: of the year 203 B.C.
  10. temporis: sc. *fine*. His command should terminate not at the
expiration of any fixed time, but

only when his task had been accomplished.
  III. 1. eam: sc. *provinciam*.
summam: cf. 21. 1. 1.
  3. hiemis: the winter of 204-
203 B.C.

155

4 spectu Hasdrubalis erant; Carthaginienses deduxerant
naves, classem paratam instructamque ad commeatus
intercipiendos habebant. Inter haec ne Syphacis quidem reconciliandi curam ex animo miserat, si forte iam
satias amoris in uxore ex multa copia eum cepisset.
5 Ab Syphace magis pacis cum Carthaginiensibus condiciones, ut Romani Africa, Poeni Italia excederent,
quam, si bellaretur, spes ulla desciturum adferebatur.

1   IX. Postero die Scipio Laelium Masinissamque
cum omni Romano et Numidico equitatu expeditisque
militum ad persequendos Syphacem atque Hasdruba-
2 lem mittit; ipse cum robore exercitus urbes circa, quae
omnes Carthaginiensium dicionis erant, partim spe,
3 partim metu, partim vi subigit. Carthagini erat quidem
ingens terror, et circumferentem arma Scipionem
omnibus finitimis raptim perdomitis ipsam Carthaginem
repente adgressurum credebant. Itaque et muri re-
4 ficiebantur propugnaculisque armabantur, et pro se
quisque, quae diutinae obsidionis tolerandae sunt, ex
5 agris convehebat. Rara mentio est pacis, frequentior
legatorum ad Hannibalem arcessendum mittendorum;
6 pars maxima classem, quae ad commeatus excipiendos
parata erat, mittere—iubent ad opprimendam stationem
navium ad Uticam incaute agentem: forsitan etiam
navalia castra, relicta cum levi praesidio, oppressuros.
7 In hoc consilium maxime inclinant; legatos tamen ad

---

4. ex multa copia: sc. *amoris*,
"long indulgence in his love." See
note to 29. 28. 7.

5. condiciones: sc. *adferebantur*.
desciturum: sc. *eum a Carthaginiensibus*. Scipio made an attack by
night upon Syphax and Hasdrubal,
who, after the burning of the straw-
thatched huts in which their armies
were encamped, fled in confusion.
Later they tried once more the for-

tune of battle and were again defeated. Chapters 4-8.
IX. 1-9.   Preparations of the
Carthaginians.
2. partim . . . partim: "some
. . . others."
4. obsidionis tolerandae: predicate genitive: "which were of assistance in standing a siege."
6. oppressuros: the subject is
implied in *navem*.

Hannibalem mittendos censent: quippe classi ut fe-
licissime gerantur res, parte aliqua levari Uticae obsidionem; Carthaginem ipsam qui tueatur, neque im- 8
peratorem alium quam Hannibalem neque exercitum
alium quam Hannibalis superesse. Deductae ergo 9
postero die naves simul et legati in Italiam profecti;
raptimque omnia stimulante fortuna agebantur; et in
quo quisque cessasset, prodi ab se salutem omnium
rebatur.

XIX. Ad Cn. Servilium consulem, qui in Bruttiis 10
erat, Consentia, Aufugum, Bergae, Besidiae, Ocriculum,
Lymphaeum, Argentanum, Clampetia multique igno-
biles populi, senescere Punicum bellum cernentes,
defecere. Idem consul cum Hannibale in agro Croto-
niensi acie conflixit. Obscura eius pugnae fama est.
Nihil certe ultra rei in Italia ab Hannibale gestum; 12
nam ad eum quoque legati ab Carthagine vocantes in
Africam iis forte diebus, quibus ad Magonem, venerunt.
XX. Frendens gemensque ac vix lacrimis temperans 1
dicitur legatorum verba audisse. Postquam edita sunt
mandata, 'Iam non perplexe' inquit, 'sed palam revo- 2
cant, qui vetando supplementum et pecuniam mitti iam
pridem retrahebant. Vicit ergo Hannibalem non popu- 3
lus Romanus, totiens caesus fugatusque, sed senatus
Carthaginiensis obtrectatione atque invidia. Neque hac
deformitate reditus mei tam P. Scipio exultabit atque 4
efferet sese quam Hanno, qui domum nostram, quando

---

7. ut: concessive. parte . . .
obsidionem: "the only effect would
be a partial relief of Utica."

9. deductae (sunt): "launched."
Scipio pushed on to Tyneta, fifteen
miles from Carthage. Laelius and
Masinissa pursued Syphax into his
kingdom, where he was captured.
Later he was sent in chains to Rome.
Chapters 10-17.

XIX. 10.-XX. Hannibal is Recalled from Italy.

10. Consentia: in the country of
the Bruttii, as are the towns next
mentioned.

12. rei: partitive genitive with
nihil. Magonem: Mago was in the
north among the Ligures.

XX. 2. retrahebant: conative.

4. Hanno: see note to xx. 12. 6.

5 alia re non potuit, ruina Carthaginis oppressit.' Iam
hoc ipsum praesagiens animo praeparaverat ante naves.
Itaque inutili militum turba praesidii specie in oppida
Bruttii agri, quae pauca metu magis quam fide contine-
6 bantur, dimissa, quod roboris in exercitu erat in Africam
transvexit, multis Italici generis, qui in Africam secuturos abnuentes concesserant in Iunonis Laciniae
delubrum inviolatum ad eam diem, in templo ipso
7 foede interfectis. Raro quemquam alium patriam
exilii causa relinquentem tam maestum abisse ferunt
quam Hannibalem hostium terra excedentem. Re-
spexisse saepe Italiae litora, et deos hominesque accu-
santem in se quoque ac suum ipsius caput execratum,
8 quod non cruentum ab Cannensi victoria militem Romam
duxisset. Scipionem ire ad Carthaginem ausum, qui
9 consul hostem Poenum in Italia non vidisset; se centum milibus armatorum ad Trasumennum, ad Cannas
caesis circa Casilinum Cumasque et Nolam consenuisse.
Haec accusans querensque ex diutina possessione
Italiae est detractus.

1 XXVI. Haec eo anno in Africa gesta; insequen-
tia excedunt in eum annum, quo M. Servilius Gemi-
nus, qui tum magister equitum erat, et Ti. Claudius
Nero consules facti sunt.

7 Eodem anno Q. Fabius Maximus moritur exactae
aetatis, si quidem verum est augurem duos et sexa-
8 ginta annos fuisse, quod quidam auctores sunt. Vir
certe fuit dignus tanto cognomine, vel si novum ab

---

6. Iunonis Laciniae: see note to
23. 34. 2.

9. Nolam: Marcellus successfully
defended Nola against Hannibal in
215 B.C. possessione: a legal
phrase; compare usu, 22. 44. 6.

XXVI. 1. 7-9. Death of Fabius
Maximus.

1. eum annum: i.e. 202 B.C.

7. eodem anno: the year 203, as
is clear from the omitted sections.
si quidem: the clause gives the
proof of exactae aetatis.

8. tanto cognomine: i.e. Maximus. si inciperet: the cognomen
of his grandfather was the same.
Rullus: Q. Fabius Maximus Rullus,
five times consul and the conqueror
of the Samnites at Sentinum.

eo inciperet. Superavit paternos honores, avitos aequavit. Pluribus victoriis et maioribus proeliis avus insignis Rullus; sed omnia aequare unus hostis Hannibal
potest. Cautior tamen quam promptior hic habitus; 9
et sicut dubites, utrum ingenio cunctator fuerit an
quia ita bello proprie, quod tum gerebatur, aptum
erat, sic nihil certius est quam unum hominem nobis
cunctando rem restituisse, sicut Ennius ait.

XXIX. Iam Hadrumetum pervenerat Hannibal, 1
unde, ad reficiendum ex iactatione maritima militem
paucis diebus sumptis, excitus pavidis nuntiis omnia
circa Carthaginem obtineri armis adferentium, magnis
itineribus Zamam contendit. Zama quinque dierum 2
iter ab Carthagine abest. Inde praemissi speculatores
cum excepti ab custodibus Romanis deducti ad Scipionem essent, traditos eos tribunis militum iussos-
que omisso metu visere omnia per castra, qua vellent,
circumduci iussit; percunctatusque, satin' per commo- 3
dum omnia explorassent, datis, qui prosequerentur,
retro ad Hannibalem dimisit. Hannibal nihil quidem 4
eorum, quae nuntiabantur — nam et Masinissam cum
sex milibus peditum, quattuor equitum venisse eo ipso
forte die adferebant — , laeto animo audivit, maxime
hostis fiducia audaciaque, non de nihilo profecto con-
cepta, perculsus est. Itaque quamquam et ipse causa 5
belli erat et adventu suo turbaverat et pactas indutias
et spem foederum, tamen, si integer quam si victus pe-

---

9. dubites: potential with the
generalizing second person. **sicut
Ennius ait:** see 22. 12. 12. The line
referred to in the text is imitated
by Vergil in *Aen.* 6. 846.

XXIX-XXXI. Hannibal in Africa.
His Interview with Scipio.

1. iactatione maritima: see 21.
26. 5. **adferentium:** depends upon

nuntiis.

3. satin': =*satisne,* used frequently in colloquial speech to in-
troduce a question. **per commo-
dum:** equivalent to the adverb *com-
mode.*

4. profecto: the adverb expresses
Hannibal's point of view.

5. integer: =*invictus, integris
viribus.*

teret pacem, aequiora impetrari posse ratus, nuntium
ad Scipionem misit, ut conloquendi secum potestatem
8 faceret. Scipio cum conloquium haud abnuisset, ambo
ex composito duces castra protulerunt, ut coire ex pro-
9 pinquo possent. Scipio haud procul Naraggara urbe,
cum ad cetera loco opportuno tum quod aquatio intra
10 teli coniectum erat, consedit. Hannibal tumulum a
quattuor milibus inde, tutum commodumque alioqui,
nisi quod longinquae aquationis erat, cepit. Ibi in
medio locus conspectus undique, ne quid insidiarum
esset, delectus.

1　　　XXX. Summotis pari spatio armatis cum singulis
interpretibus congressi sunt, non suae modo aetatis
maximi duces, sed omnis ante se memoriae, omnium
2 gentium cuilibet regum imperatorumve pares. Pau-
lisper alter alterius conspectu, admiratione mutua
3 prope attoniti, conticuere. Tum Hannibal prior: 'Si
hoc ita fato datum erat, ut qui primus bellum intuli
populo Romano quique totiens prope in manibus
victoriam habui, is ultro ad pacem petendam venirem,
laetor te mihi sorte potissimum datum, a quo peterem.
4 Tibi quoque inter multa egregia non in ultimis laudum
hoc fuerit, Hannibalem, cui tot de Romanis ducibus
victoriam di dedissent, tibi cessisse, teque huic bello,
vestris prius quam nostris cladibus insigni, finem im-
5 posuisse. Hoc quoque ludibrium casus ediderit fortuna,
ut, cum patre tuo consule ceperim arma, cum eodem
primum Romano imperatore signa contulerim, ad filium
6 eius inermis ad pacem petendam veniam. Optimum

---

10. a quattuor milibus: "at a
distance of four miles." inde: i.e.
from the Roman camp. aquationis: predicate descriptive genitive.
　XXX. 1. omnis memoriae: "all
history."

3. is: adds emphasis to the subject of venirem.
4. in ultimis laudum: =in ultimis laudibus. fuerit: future perfect
as an emphatic future.
6. optimum fuerat: virtually an
unreal condition.

quidem fuerat eam patribus nostris mentem datam ab
dis esse, ut et vos Italiae et nos Africae imperio contenti
essemus; neque enim ne vobis quidem Sicilia ac Sar- 7
dinia satis digna pretia sunt pro tot classibus, tot exercitibus, tot tam egregiis amissis ducibus. Sed prae-
terita magis reprehendi possunt quam corrigi. Ita 8
aliena adpetivimus, ut de nostris dimicaremus, nec in
Italia solum nobis bellum, vobis in Africa esset, sed et
vos in portis vestris prope ac moenibus signa armaque
hostium vidistis et nos ab Carthagine fremitum castrorum Romanorum exaudimus. Quod igitur nos max- 9
ime abominaremur, vos ante omnia optaretis, in meliore
vestra fortuna de pace agitur. Agimus ei, quorum et
maxime interest pacem esse, et qui quodcumque egeri-
mus, ratum civitates nostrae habiturae sunt. Animo
tantum nobis opus est non abhorrente a quietis consiliis. Quod ad me attinet, iam aetas senem in patriam 10
revertentem, unde puer profectus sum, iam secundae,
iam adversae res ita erudierunt, ut rationem sequi
quam fortunam malim; tuam et adulescentiam et per- 11
petuam felicitatem, ferociora utraque quam quietis
opus est consiliis, metuo. Non temere incerta casuum
reputat, quem fortuna numquam decepit. Quod ego
fui ad Trasumennum, ad Cannas, id tu hodie es. Vix- 12
dum militari aetate imperio accepto omnia audacissime
incipientem nusquam fefellit fortuna. Patris et patrui
persecutus mortem ex calamitate vestrae domus decus 13
insigne virtutis pietatisque eximiae cepisti; amissas
Hispanias recuperasti quattuor inde Punicis exercitibus
pulsis; consul creatus, cum ceteris ad tutandam Italiam 14
parum animi esset, transgressus in Africam, duobus hic
exercitibus caesis, binis eadem hora captis simul incen-

---

9. **ei**: emphasizes the subject of
agimus. **qui**: omit in translation.
  10. **aetas**: sc. *erudiit.*
  11. **ferociora utraque**: appositive to *adulescentiam* and *felicitatem.*
consiliis: dative.
  14. **consul**: an inaccurate statement; see 28. 38. 4. **animus**: sc. *tuus.*

sisque castris, Syphace potentissimo rege capto, tot
urbibus regni eius, tot nostri imperii ereptis, me sextum
decimum iam annum haerentem in possessione Italiae
detraxisti. Potest victoriam malle quam pacem animus.
15 Novi spiritus magnos magis quam utiles; et mihi talis
16 aliquando fortuna adfulsit. Quodsi in secundis rebus
bonam quoque mentem darent dei, non ea solum,
quae evenissent, sed etiam ea, quae evenire possent,
reputaremus. Ut omnium obliviscaris aliorum, satis
17 ego documenti in omnes casus sum, quem, modo castris inter Anienem atque urbem vestram positis signa
inferentem ac iam prope scandentem moenia Romana,
hic cernas duobus fratribus, fortissimis viris, clarissimis imperatoribus orbatum ante moenia prope obses-
sae patriae, quibus terrui vestram urbem, ea pro mea
18 deprecantem. Maximae cuique fortunae minime cre-
dendum est. In bonis tuis rebus, nostris dubiis, tibi
ampla ac speciosa danti est pax, nobis petentibus
19 magis necessaria quam honesta. Melior tutiorque est
certa pax quam sperata victoria; haec in tua, illa in
deorum manu est. Ne tot annorum felicitatem in unius
20 horae dederis discrimen; cum tuas vires, tum vim
fortunae Martemque belli communem propone animo.
Utrimque ferrum, utrimque corpora humana erunt;
nusquam minus quam in bello eventus respondent.
21 Non tantum ad id, quod data pace iam habere potes,
si proelio vincas, gloriae adieceris, quantum dempseris,
si quid adversi eveniat. Simul parta ac sperata de-
22 cora unius horae fortuna evertere potest. Omnia in
pace iungenda tuae potestatis sunt, P. Corneli; tunc

---

16. ut: concessive. **documenti:**
depends upon *satis*.

17. modo: the rhetorical contrast
perhaps justifies the use of the adverb. Hannibal's march to the walls
of Rome was in fact eight years

earlier. See Chap. 26. 11.

19. haec: refers to *pax*.

20. respondent: sc. *ad spem*.

21. adieceris: cf. *fuerit*, § 4.

22. tunc: i.e. in the event of battle.

ea habenda fortuna erit, quam di dederint. Est quidem 24
eius, qui dat, non qui petit, condiciones dicere pacis;
sed forsitan non indigni simus, qui nobismet ipsi multam inrogemus. Non recusamus, quin omnia, propter 25
quae, ad bellum itum est, vestra sint, Sicilia, Sardinia,
Hispania, quidquid insularum toto inter Africam Ital-
iamque continetur mari. Carthaginienses inclusi Af- 26
ricae litoribus vos, quando ita dis placuit, externa etiam
terra marique videamus regentes imperio. Multum 27
per quos petita sit, ad fidem tuendae pacis pertinet,
Scipio. Vestri quoque, ut audio, patres non nihil 28
etiam ob hoc, quia parum dignitatis in legatione erat,
negaverunt pacem: Hannibal peto pacem, qui neque 29
peterem, nisi utilem crederem, et propter eandem
utilitatem tuebor eam, propter quam petii. Et quem 30
ad modum, quia a me bellum coeptum est, ne quem
eius paeniteret, quoad ipsi invidere dei, praestiti, ita
adnitar, ne quem pacis per me partae paeniteat.'

XXXI. Adversus haec imperator Romanus in hanc 1
fere sententiam respondit: 'Non me fallebat, Hannibal, adventus tui spe Carthaginienses et praesentem
indutiarum fidem et spem pacis turbasse; neque tu 2
id sane dissimulas, qui de condicionibus superioribus
pacis omnia subtrahas praeter ea, quae iam pridem
in nostra potestate sunt. Ceterum ut tibi curae est 3
sentire cives tuos, quanto per te onere leventur, sic
mihi laborandum est, ne, quae tunc pepigerunt, hodie
subtracta ex condicionibus pacis praemia perfidiae
habeant. Indigni, quibus eadem pateat condicio, etiam 4
ut prosit vobis fraus petitis. Neque patres nostri

---

24. simus: potential subjunctive with *forsitan*. **multam**: the indemnity paid by the defeated; so "the price of defeat."

28. non nihil: emphatic; "especially."

30. ne . . . paeniteret: object of *praestiti*. **invidere**: continued success arouses the jealousy of the gods — a commonplace of the ancients.

priores de Sicilia, neque nos de Hispania fecimus bellum;
et tunc **Mamertinorum** sociorum periculum et nunc
Sagunti excidium nobis pia ac iusta induerunt arma:

5 vos lacessisse et tu ipse fateris et dei testes sunt, qui et
illius belli exitum secundum ius fasque dederunt et

6 huius dant et dabunt. Quod ad me attinet, et humanae
infirmitatis memini et vim fortunae reputo et omnia,
quaecumque agimus, subiecta esse mille casibus scio;

7 ceterum, quem ad modum superbe et violenter me
faterer facere, si, priusquam in Africam traiecissem, te
tua voluntate cedentem Italia et imposito in naves
exercitu ipsum venientem ad pacem petendam asper-

8 narer, sic nunc, cum prope manu consertum restitantem
ac tergiversantem in Africam adtraxerim, nulla sum

9 tibi verecundia obstrictus. Proinde si quid ad ea, in
quae tum pax conventura videbatur, adicitur, est quod
referam ad consilium; sin illa quoque gravia videntur,
bellum parate, quoniam pacem pati non potuistis.'

10   Ita infecta pace ex conloquio ad suos cum se recepissent, frustra verba praelata renuntiant: armis de-
cernendum esse habendamque eam fortunam, quam

1 dei dedissent. **XXXII.** In castra ut est ventum, pro-
nuntiant ambo, arma expedirent milites animosque ad
supremum certamen, non in unum diem sed in per-

2 petuum, si felicitas adesset, victores. Roma an Car-

XXXI. 4. tunc: i.e. at the beginning of the first Carthaginian war.
Mamertinorum: the *Mamertini*
("sons of Mars") were mercenary
troops, who, revolting from their
master, Hiero king of Syracuse, occupied Messana. The Romans came
to their assistance in 264 B.C. and
the first Carthaginian war, while in-
volving graver issues, was precipi-
tated by this incident.

8. consertum: supine. The
figure is derived from the old Roman

law and refers to the symbolic con-
test of the rival claimants in the
presence of the judge. See Morey's
Roman Law, pp. 17-18.

XXXII-XXXV. The Battle of
Zama.

1. expedirent: for the construction, see 21. 12. 5. The verb is appro-
priately used with *arma* as an object, but for *animos* another verb, e.g.
confirmarent, should be supplied.
victores: sc. *futuri*.

thago iura gentibus daret, ante crastinam noctem sci-
turos; neque enim Africam aut Italiam, sed orbem
terrarum victoriae praemium fore; par periculum prae-
mio, quibus adversa pugnae fortuna fuisset. Nam ne- 3
que Romanis effugium ullum patebat in aliena ignota-
que terra et Carthagini supremo auxilio effuso adesse
videbatur praesens excidium.

Ad hoc discrimen procedunt postero die duorum 4
opulentissimorum populorum duo longe clarissimi duces,
duo fortissimi exercitus, multa ante parta decora aut
cumulaturi eo die aut eversuri. Anceps igitur spes et 5
metus miscebant animos; contemplantibusque modo
suam modo hostium aciem, cum non oculis magis quam
ratione pensarent vires, simul laeta simul tristia obver-
sabantur. Quae ipsis sua sponte non succurrebant, ea
duces admonendo atque hortando subiciebant. Poe- 6
nus sedecim annorum in terra Italia res gestas, tot
duces Romanos, tot exercitus occidione occisos et sua
cuique decora, ubi ad insignem alicuius pugnae memoria militem venerat, referebat; Scipio Hispanias et 7
recentia in Africa proelia et confessionem hostium,
quod neque non petere pacem propter metum neque
manere in ea prae insita animis perfidia potuissent.
Ad hoc conloquium Hannibalis, in secreto habitum ac 8
liberum fingenti, qua vult, flectit; ominatur, quibus 9
quondam auspiciis patres eorum ad Aegates pugna-
verint insulas, ea illis exeuntibus in aciem portendisse
deos: adesse finem belli ac laboris: in manibus esse 10
praedam Carthaginis, reditum domum in patriam ad
parentes, liberos, coniuges penatesque deos. Celsus 11
haec corpore vultuque ita laeto, ut vicisse iam

---

5. **miscebant animos:** "aroused
mingled emotions." **obversa-
bantur:** sc. *animis*.
6. **occidione occisos:** see 22. 54. 7.
7. **animis:** dative with *insita*,

8. **ad hoc:** "besides."
9. **liberum fingenti:** i.e. it
offered free scope for invention. **9a:**
sc. *auspicia*.
11. **corpore:** connect with *cel-*

crederes, dicebat. Instruit deinde primos hastatos, post eos principes, triariis postremam aciem clausit. 1 XXXIII. Non confertas autem cohortes ante sua quamque signa instruebat, sed manipulos aliquantum inter se distantes, ut esset spatium, qua elephanti hostium 2 acti nihil ordines turbarent. Laelium, cuius ante legati, eo anno quaestoris extra sortem ex senatus consulto opera utebatur, cum Italico equitatu ab sinistro cornu, 3 Masinissam Numidasque ab dextro opposuit. Vias patentes inter manipulos antesignanorum velitibus — ea tunc levis armatura erat — complevit, dato praecepto, ut ad impetum elephantorum aut post directos refugerent ordines aut in dextram laevamque discursu applicantes se antesignanis viam, qua inruerent in 4 ancipitia tela, beluis darent. Hannibal ad terrorem primos elephantos — octoginta autem erant, quot nulla umquam in acie ante habuerat — instruxit, deinde 5 auxilia Ligurum Gallorumque Baliaribus Maurisque admixtis; in secunda acie Carthaginienses Afrosque et 6 Macedonum legionem; modico deinde intervallo relicto subsidiariam aciem Italicorum militum — Brutii plerique erant, vi ac necessitate plures quam sua voluntate 7 decedentem ex Italia secuti — instruxit. Equitatum et ipse circumdedit cornibus; dextrum Carthaginienses, 8 sinistrum Numidae tenuerunt. Varia adhortatio erat in exercitu inter tot homines, quibus non lingua, non mos, non lex, non arma, non vestitus habitusque, non causa 9 militandi eadem esset. Auxiliaribus et praesens et multiplicata ex praeda merces ostentatur; Galli proprio

---

sus. **hastatos:** see note to 22. 5. 7.
XXXIII. 1. **quamque:** sc. *cohortem.* **qua:** relative adverb referring to *spatium.*
2. **legati:** appositive to *cuius.*
3. **ea:** refers to *velitibus;* by attraction, agrees with *armatura.* **an-**

tesignanis: dative with *applicantes.*
5. **Macedonum:** four thousand soldiers had been sent by Philip of Macedon to the assistance of the Carthaginians.
6. **decedentem:** sc. *Hannibalem.*

atque insito in Romanos odio accenduntur; Liguribus
campi uberes Italiae deductis ex asperrimis montibus
in spem victoriae ostentantur; Mauros Numidasque Mas- 10
inissae inpotenti futuro dominatu terret; aliis aliae spes
ac metus iactantur. Carthaginiensibus moenia patriae, 11
di penates, sepulcra maiorum, liberi cum parentibus con-
iugesque pavidae, aut excidium servitiumque aut imperium orbis terrarum, nihil aut in metum aut in spem
medium, ostentatur.

Cum maxime haec imperator apud Carthaginienses, 12
duces suarum gentium inter populares, pleraque per
interpretes inter immixtos alienigenas agerent, tubae
cornuaque ab Romanis cecinerunt, tantusque clamor
ortus, ut elephanti in suos, sinistrum maxime cornu, 13
verterentur, Mauros ac Numidas. Addidit facile Masinissa perculsis terrorem nudavitque ab ea parte aciem
equestri auxilio. Paucae tamen bestiarum intrepidae 14
in hostem actae inter velitum ordines cum multis suis
vulneribus ingentem stragem edebant. Resilientes enim 15
ad manipulos velites, cum viam elephantis, ne obter-
erentur, fecissent, in ancipites ad ictum utrimque coni-
ciebant hastas, nec pila ab antesignanis cessabant, donec 16
undique incidentibus telis exacti ex Romana acie hi quoque in suos dextrum cornu, ipsos Carthaginienses equites,
in fugam verterunt. Laelius ut turbatos vidit hostes,
addidit perculsis terrorem.

XXXIV. Utrimque nudata equite erat Punica acies, 1
cum pedes concurrit, nec spe nec viribus iam par. Ad
hoc dictu parva, sed magna eadem in re gerenda mo-

---

9. insito: sc. *ingenio*. See 22. 3. 4.
10. inpotenti: "tyrannical."
The literal meaning of "not master
of one's self" is naturally extended
to "violent, tyrannical."
11. nihil . . . medium: "noth-
ing else was to be hoped or feared."
13. suos: cf. 21. 56. 1.

15. ancipites: sc. *elephantos;*
"exposed from both sides."
XXXIV. 1. in re gerenda:
"during the action", contrasted with
the supine *dictu.* **clamor:** uni-
son here was as important, evi-
dently, as in a modern "college
yell."

menta: congruens clamor ab Romanis eoque maior et
terribilior, dissonae illis, ut gentium multarum discre-
2 pantibus linguis, voces; pugna Romana stabilis et suo
et armorum pondere incumbentium in hostem, concur-
3 satio et velocitas illinc maior quam vis. Igitur primo
impetu extemplo movere loco hostium aciem Romani.
Ala deinde et umbonibus pulsantes, in summotos gradu
inlato, aliquantum spatii velut nullo resistente incessere,
4 urgentibus et novissimis primos, ut semel motam aciem
sensere, quod ipsum vim magnam ad pellendum hostem
5 addebat. Apud hostes auxiliares cedentes secunda acies,
Afri et Carthaginienses, adeo non sustinebant, ut contra
etiam, ne resistentes pertinaciter primos caedendo ad se
6 perveniret hostis, pedem referrent. Igitur auxiliares
terga dant repente, et in suos versi partim refugere in
secundam aciem, partim non recipientes caedere, ut et
7 paulo ante non adiuti et tunc exclusi. Et prope duo
iam permixta proelia erant, cum Carthaginienses simul
cum hostibus, simul cum suis cogerentur manus conserere.
8 Non tamen ita perculsos iratosque in aciem accepere, sed
densatis ordinibus in cornua vacuumque circa campum
extra proelium eiecere, ne pavido fuga et vulneribus
9 milite sinceram et integram aciem miscerent. Ceterum
tanta strages hominum armorumque locum, in quo steterant paulo ante auxiliares, compleverat, ut prope
difficilior transitus esset, quam per confertos hostes
10 fuerat. Itaque, qui primi erant, hastati per cumulos
corporum armorumque et tabem sanguinis, qua quisque poterat, sequentes hostem et signa et ordines con-
fuderunt. Principum quoque signa fluctuari coeperant

---

2. **incumbentium**: agrees with the genitive implied in *suo* = *Romanorum*.

3. **ala**: properly "the arm-pit." Translate "with their elbows."

5. **sustinebant**: agrees not with the subject, *acies*, but its appositives.

5. **caedendo**: cf. *cedendo*, 21. 46. 9. and *cernendo*, 10.

6. **partim ... partim**: see 23. 7. 3.

vagam ante se cernendo aciem. Quod Scipio ubi vidit, 11
receptui propere canere hastatis iussit et sauciis in postremam aciem subductis principes triariosque in
cornua inducit, quo tutior firmiorque media hasta-
torum acies esset. Ita novum de integro proelium ortum 12
est; quippe ad veros hostes perventum erat, et armorum genere et usu militiae et fama rerum gestarum et
magnitudine vel spei vel periculi pares. Sed et numero
superior Romanus erat et animo, quod iam equites, iam 13
elephantos fuderat, iam prima acie pulsa in secundam
pugnabat. XXXV. In tempore Laelius ac Masinissa, 1
pulsos per aliquantum spatii secuti equites, revertentes
in aversam hostium aciem incurrere. Is demum equitum
impetus perculit hostem. Multi circumventi in acie
caesi; multi per patentem circa campum fuga sparsi 2
tenente omnia equitatu passim interierunt. Carthaginiensium sociorumque caesa eo die supra viginti milia; 3
par ferme numerus captus cum signis militaribus centum triginta duobus, elephantis undecim. Victores ad
mille et quingentos cecidere.

Hannibal cum paucis equitibus inter tumultum 4
elapsus Hadrumetum perfugit, omnia et integro proelio et inclinante acie, priusquam excederet pugna, 5
expertus et confessione etiam Scipionis omniumque peritorum militiae illam laudem adeptus, singulari arte
aciem eo die instruxisse: elephantos in prima fronte, 6
quorum fortuitus impetus atque intolerabilis vis signa
sequi et servare ordines, in quo plurimum spei ponerent,
Romanos prohiberent; deinde auxiliares ante Carthagin- 7
iensium aciem, ne homines mixti ex conluvione omnium
gentium, quos non fides teneret, sed merces, liberum
receptum fugae haberent, simul primum ardorem atque 8

---

11. **canere:** frequently used without an expressed subject.

XXXV. 1. in tempore: "at the proper time."

5. **militiae:** gen. with **peritorum.**

7. **conluvione;** see 22. 43. 2.

impetum hostium excipientes fatigarent ac, si nihil aliud,
9 vulneribus suis ferrum hostile hebetarent; tum, ubi
omnis spes esset, milites Carthaginienses Afrosque, ut,
omnibus rebus aliis pares, eo, quod integri cum fessis ac
sauciis pugnarent, superiores essent; Italicos intervallo
quoque diremptos, incertos, socii an hostes essent, in
10 postremam aciem summotos. Hoc edito velut ultimo
virtutis opere Hannibal cum Hadrumetum refugisset,
accitusque inde Carthaginem sexto ac tricesimo post
11 anno, quam puer inde profectus erat, redisset, fassus in
curia est non proelio modo se sed bello victum, nec spem
salutis alibi quam in pace impetranda esse.
1   XXXVI. Scipio confestim a proelio expugnatis hostium castris direptisque cum ingenti praeda ad mare ac
2 naves rediit nuntio allato P. Lentulum cum quinquaginta
rostratis, centum onerariis, cum omni genere commeatus
3 ad Uticam accessisse. Admovendum igitur undique terrorem perculsae Carthagini ratus, misso Laelio Romam
cum victoriae nuntio Cn. Octavium terrestri itinere
ducere legiones Carthaginem iubet; ipse ad suam veterem nova Lentuli classe adiuncta profectus ab Utica
4 portum Carthaginis petit. Haud procul aberat, cum
velata infulis ramisque oleae Carthaginiensium occurrit
navis. Decem legati erant, principes civitatis, auctore
5 Hannibale missi ad petendam pacem. Qui cum ad
puppim praetoriae navis accessissent velamenta sup-
6 plicum porrigentes, orantes implorantesque fidem ac
misericordiam Scipionis, nullum iis aliud responsum
datum, quam ut Tynetem venirent; eo se moturum castra. Ipse ad contemplandum Carthaginis situm non

---

9. **ubi**: its antecedent is *milites*.
incertos: has a passive force.
XXXVI-XXXVII. Terms of Peace
          Proposed.
1. **P. Lentulum**: P. Cornelius
Lentulus, the propraetor, brought

reinforcements   from   Sardinia.
(Chap. 24. 5). **rostratis**: sc. *navibus*.
"Fighting-ships," as opposed to
onerariis, "transport-ships."
3. **Cn. Octavium**: formerly com-
manded the fleet. **voterem**: sc.
classem.

tam noscendi in praesentia quam terrendi hostis causa
provectus Uticam, eodem et Octavio revocato, rediit.
Inde procedentibus ad Tynetem nuntius allatus Vermi- 7
nam Syphacis filium cum equitibus pluribus quam peditibus venire Carthaginiensibus auxilio. Pars exercitus 8
cum omni equitatu agmen adgressa Numidarum levi
certamine fudit. Exitu quoque fugae intercluso ab omni
parte circumdatis equitibus quindecim milia hominum
caesa, mille et ducenti vivi capti, et equi Numidici mille
et quingenti, signa militaria duo et septuaginta. Regulus 9
ipse inter tumultum cum paucis effugit. Tum ad Tynetem eodem quo antea loco castra posita, legatique triginta ab Carthagine ad Scipionem venerunt. Et illi
quidem multo miserabilius quam antea, quo magis coge-
bat fortuna, egerunt; sed aliquanto minore cum misericordia ab recenti memoria perfidiae auditi sunt. In 10
consilio quamquam iusta ira omnes ad delendam stimulabat Carthaginem, tamen cum et quanta res esset et
quam longi temporis obsidio tam munitae et tam vali-
dae urbis reputarent, et ipsum Scipionem expectatio
successoris venturi ad paratam alterius labore ac periculo
finiti belli famam sollicitaret, ad pacem omnium animi
versi sunt. XXXVII. Postero die revocatis legatis et 1
cum multa castigatione perfidiae monitis, ut tot cladibus
edocti tandem deos et ius iurandum esse crederent, condiciones pacis dictae, ut liberi legibus suis viverent; quas 2
urbes quosque agros quibusque finibus ante bellum ten-
uissent, tenerent, populandique finem eo die Romanus 3
faceret; perfugas fugitivosque et captivos omnes redderent Romanis et naves rostratas praeter decem triremes
traderent elephantosque, quos haberent, domitos, neque

---

6. **noscendi**: sc. *situs* or *situm.*
8. **exitu fugae**: "means of es-
cape."
9. **Regulus**: i.e. Vermina. **quo**:
correlative with an omitted *eo*,

modifying *multo miserabilius.* **ab**:
has a causal force.
10. **obsidio**: sc. *esset.* **alterius**:
here, of course, of Scipio himself.

4 domarent alios; bellum neve in Africa neve extra Africam
iniussu populi Romani gererent; Masinissae res redde-
5 rent foedusque cum eo facerent; frumentum stipendi-
umque auxiliis, donec ab Roma legati redissent, prae-
starent. Decem milia talentum argenti, discripta pensionibus aequis in annos quinquaginta, solverent; obsides
6 centum arbitratu Scipionis darent, ne minores quattuordecim annis neu triginta maiores.

7 Has condiciones legati cum domum referre iussi in
contione ederent, et Gisgo ad dissuadendam pacem processisset audireturque a multitudine inquieta eadem et
8 inbelli, indignatus Hannibal dici ea in tali tempore audirique, arreptum Gisgonem manu sua ex superiore loco
detraxit. Quae insueta liberae civitati species cum fremitum populi movisset, perturbatus militaris vir urbana
9 libertate 'novem' inquit 'annorum a vobis profectus
post sextum et tricesimum annum redii. Militares artes
quas me a puero fortuna nunc privata nunc publica
10 docuit, probe videor scire; urbis ac fori iura, leges,
mores vos me oportet doceatis.' Excusata imprudentia
de pace multis verbis disseruit, quam nec iniqua et
13 necessaria esset. Sunt, qui Hannibalem ex acie ad mare
pervenisse, inde praeparata nave ad regem Antiochum
extemplo profectum tradant, postulantique ante omnia
Scipioni, ut Hannibal sibi traderetur, responsum esse
Hannibalem in Africa non esse.

XXXVII. 5. **pensionibus**: "pay-
ments."
6. **minores**: sc. *natu.*
8. **species**: "scene."
9. **novem annorum**: sc. *puer.* Cf.
21. 1. 4.

13. Antiochum: Antiochus III,
king of Syria, protected Hannibal
until 189, when, after a humiliating
defeat at Magnesia at the hands of
L. Cornelius Scipio, he was com-
pelled to make peace with Rome.

TITI LIVI

AB URBE CONDITA

LIBER XXXIX

LI. Ad Prusiam regem legatus T. Quinctius Flamin- **1**
inus venit, quem suspectum Romanis et receptus post
fugam Antiochi Hannibal et bellum adversus Eumenem
motum faciebat. Ibi seu quia a Flaminino inter cetera **2**
obiectum Prusiae erat, hominem omnium qui viverent
infestissimum populo Romano apud eum esse, qui patriae
suae primum, deinde fractis eius opibus Antiocho regi
auctor belli adversus populum Romanum fuisset, seu **3**
quia ipse Prusias, ut gratificaretur praesenti Flaminino
Romanisque, per se necandi aut tradendi eius in potestatem consilium cepit, a primo colloquio Flaminini milites extemplo ad domum Hannibalis custodiendam missi
sunt. Semper talem exitum vitae suae Hannibal pros- **4**
pexerat animo et Romanorum inexpiabile odium in se
cernens et fidei regum nihil sane fretus; Prusiae vero
levitatem etiam expertus erat. Flamininique adventum
velut fatalem sibi horruerat.

Ad omnia undique infesta ut iter semper aliquod **5**
praeparatum fugae haberet, septem exitus e domo fecerat et ex iis quosdam occultos, ne custodia saepirentur.

LI. Death of Hannibal.

1. Prusiam regem: after the defeat of Antiochus, Hannibal fled to
the court of Prusias, king of Bi-
thynia, who was at the time waging
war against Eumenes of Pergamum,
an ally of the Romans.

3. per se: =*sua sponte.* **a primo
colloquio:** "immediately after the
first interview."

4. fidei: especially in the early
books, Livy uses the dative more
frequently than the ablative with
fretus.

6 Sed grave imperium regum nihil inexploratum quod ves-
   tigari volunt efficit; totius circuitum domus ita custodiis
7 complexi sunt, ut nemo inde elabi posset. Hannibal
   postquam nuntiatum est milites regios in vestibulo esse,
   postico quod devium maxime atque occultissimi exitus
8 erat, fugere conatus, ut id quoque occursu militum
   obsaeptum sensit et omnia circa clausa custodiis dispo-
   sitis, venenum quod multo ante praeparatum ad tales
9 habebat casus, poposcit: 'Liberemus diuturna cura
   populum Romanum,' inquit, 'quando mortem senis
10 exspectare longum censent. Nec magnam nec memo-
   rabilem ex inermi proditoque Flamininus victoriam feret.
   Mores quidem populi Romani quantum mutaverint vel
11 hic dies argumento erit. Horum patres Pyrrho regi,
   hosti armato, exercitum in Italia habenti, ut a veneno
   caveret praedixerunt; hi legatum consularem, qui auctor
   esset Prusiae per scelus occidendi hospitis, miserunt.'
12 Exsecratus deinde in caput regnumque Prusiae et hospitales deos violatae ab eo fidei testes invocans poculum
   exhausit. Hic vitae exitus fuit Hannibalis.

---

7. **occultissimi exitus:** descriptive genitive parallel with the adjective *devium.* See 21. 29. 4.

9. **senis:** Hannibal was now
sixty-eight years old.

11. **Pyrrho regi:** according to
Valerius Antias, whose version of
the story Livy here follows, Timo-
chares, a courtier of King Pyrrhus,
came to the consul Fabricius with

an offer to poison the king, were he
promised sufficient pay. The senate,
when this proposal was reported to
them by the consul, sent a message
to the king to warn him against the
traitor. **auctor esset:** =*suaderet.*

12. **hospitales deos:** strangers
were under the protection of Ζεὺς
ξένιος and other gods.

CPSIA information can be obtained at www.ICGtesting.com
Printed in the USA
268550BV00002B/302/P

9 781146 285568